Ekkehard Launer (Hg.)
Frauenhandel

Ekkehard Launer (Hg.)

Frauenhandel

Lamuv Taschenbuch 99

CIP-Titelaufnahme der Deutschen Bibliothek

Frauenhandel / Ekkehard Launer (Hg.) - Orig.-Ausg. -
Göttingen : Lamuv-Verlag, 1991
(Lamuv-Taschenbuch ; 99)
ISBN 3-88977-254-4
NE: Launer, Ekkehard [Hrsg.]; GT

1. Auflage, März 1991

Umschlaggestaltung: Gerhard Steidl
Gesamtherstellung: Steidl, Göttingen
ISBN 3-88977-254-4

Inhaltsverzeichnis

»Wir sind verkauft worden«

Wenn sie Hilfe brauche, solle sie anrufen, hatte Adjara zu Sunan gesagt, und Sunan war beruhigt gewesen, damals in Bangkok, im dortigen Büro des Darmstädter Heiratsvermittlers Günter Menger. Adjara ist die thailändische Agentin des Ehemaklers. Sunan weiß nicht viel von ihr, kennt nur den Vornamen und die Telefonnummer. Die hat sie in die Bundesrepublik mitgenommen. Aber nun faßt sie das Telefon nicht an - aus Angst vor Max S., Lehrer in einer Stadt in Bayern.

Am Tag nach ihrer Ankunft ist Sunan ihm von Günter Menger übergeben worden. Als »Braut«. Max S. spricht jedoch nicht von Heirat. Sunan soll putzen, im übrigen in der Wohnung bleiben, bis er abends nach Hause kommt. Sie bleibt, denn draußen auf der Straße fühlt sie sich noch unsicherer als drinnen: Sie versteht weder deutsch noch englisch. So putzt sie und wird abends mit einem Gürtel über den Rücken geschlagen, als es dabei Scherben gibt. Mit Wörterbuchhilfe schreit Max S. sie an: »Du Schwein«, »Du dumme Sau«.

Erst wenn auch ihr Peiniger müde ist, darf Sunan sich auf der Wohnzimmercouch schlafen legen, aber vorher wird sie noch einmal in Anspruch genommen: Max S. läßt sich von ihr befriedigen, mit der Hand. Sunan tut wortlos und mit fest geschlossenen Augen, was er verlangt. Sie hat keine sexuelle Erfahrung, hatte in Bangkok nie Kontakt zur Prostitution. Sie war Arbeiterin in einer Seidenweberei. Von ihrem Monatslohn, rund 250 Mark, unterstützte sie die Eltern und vier Geschwister, eine Familie, die in einem Dorf vom Essensverkauf lebt.

Sunan wirkt wie eine 16jährige, klein, kindlich, mager, schüchtern. Die glatten schwarzen Haare hat sie zum Pferdeschwanz gebunden. Mit hochgezogenen Knien kauert sie auf dem Bett. Unterstützt von einer Dolmetscherin spreche ich in dem Frauenhaus, in dem sie inzwischen untergekommen ist, mit ihr. Sie erzählt, wie da im letzten Frühjahr eine Zeitungsannonce die Belegschaft der Seidenweberei in helle Aufregung versetzte. Eine Thailänderin - Adjara - bot »Hilfe« an, stellte einen kostenlosen Deutschland-Aufenthalt in Aussicht, Sprachkurse, eventuell eine Ehe. Etliche Arbeiterinnen nahmen die so verlockend klingende Offerte an. Auch Sunan.

Sie brachte die geforderten Papiere bei, ihre Geburtsurkunde und andere Dokumente. Adjara nahm alles »in Verwahrung« - bis heute. Dafür besorgte sie Paß und Visum und, wie es die Einreisebestimmungen in die Bundesrepublik verlangen, ein Hin- und Rückflugticket. Damit weist der Tourist aus Übersee nach, daß er nach Ablauf seines Visums - es gilt drei Monate - rückkehrbereit ist. Wenn sie heirate, erfuhr Sunan von Adjara, dann müsse sie nicht zurück nach Thailand. Und der »Bräutigam« warte ja schon: Max S., »ein guter Mann, 32 Jahre alt. Er hat Geld, er hat alles«.

Sunan war ohne Argwohn. Wann immer sie ins Büro kam, stand da Gepäck von reisefertigen Thailänderinnen; deren Vertrauen beruhigte sie.

Allein aus ihrer Fabrik, erinnert sich Sunan, nahmen »mehr als zehn Arbeiterinnen« Adjaras Angebot an. Zwei von ihnen saßen mit Sunan im selben Flugzeug; gemeinsam standen sie alle nach der Ankunft in Mengers Büro in Darmstadt. Eines der Mädchen sah dort auf dem Schreibtisch ein Karteiblatt mit ihrem Foto, daneben einen vierstelligen Preis. Erst in diesem Moment begriff sie entsetzt, was passiert war: »Wir sind verkauft worden«, flüsterte sie Sunan zu.

Günter Menger nahm den Mädchen die Rückflugtickets ab. Das ist branchenüblich. So kommt den Vermittlern ihre »Ware« nicht abhanden; zudem kassieren sie bei der Fluglinie den Preis des nicht benutzten Coupons. Auch Günter Menger reicht die von ihm eingesammelten Rückflugtickets der Frauen zur Erstattung ein.

Acht Tage wohnt Sunan inzwischen bei Max S., da fällt ihr die Wohnungstür zu, als sie den Mülleimer herunterbringen will. Der Schlüssel steckt, innen. Weinend hockt sich Sunan auf die Treppe. Aus der Arztpraxis im Stockwerk darüber kommt die 22jährige Studentin Andrea G., sie hat Schmerzen, nimmt das Häufchen Unglück auf den Stufen erst gar nicht wahr. »Da faßt mich Sunan plötzlich an der Hand und zeigt aufgeregt auf die Tür«, berichtet Andrea. »Irgendwie war sie völlig daneben, und ich kapierte, hier stimmt was nicht, ich muß was tun, o Gott, aber was? Na egal, dachte ich, nimmst 'se erst mal mit in die Wohngemeinschaft. Aber da kriegten wir auch nicht viel raus, mehr als Zeichensprache war ja nicht drin. So um fünf hab ich sie dann zurückgebracht. Der Typ war noch nicht da. Im Haus meinte einer, der hätte öfter mal 'ne Thailänderin in der Wohnung, aber er wär' ganz nett, also nicht weiter auffällig. Schließlich kam er an, und ich fragte, ob ich mit reinkommen könne. ›Was macht denn die Frau bei Ihnen?‹ fragte ich. ›Die lernt Englisch bei mir‹, sagte er. Wir haben länger miteinander diskutiert, dann meinte ich, man höre ja so allerhand von wegen Frauenhandel. Drauf der Typ ganz vergnügt: ›Ja und wenn – was ist dagegen zu sagen?‹« Sunan faßte Mut und signalisierte, sie wolle gehen. Max S. war prompt einverstanden.

Zwei Studentinnen holten sie am nächsten Morgen ab. Auf der Suche nach Hilfe telefonierten sie sich von einer Frauengruppe zur nächsten durch. Schließlich landeten sie bei der »Ökumenischen Thailandgruppe« in Frankfurt, einer kleinen privaten Initiative, überkonfessionell, alles in allem acht Frauen. Zwei von ihnen fuhren umgehend zu Günter Menger, um den Flugschein abzuholen. Vergebens – Menger gab ihn nicht heraus. Er drohte mit seinem »guten Anwalt«, verlangte, daß Sunan sofort zu ihm gebracht werde. Nun wandten sich die Frauen an die Fluggesellschaft, die immerhin erreichte, daß Menger das Ticket dort am Schalter hinterlegte. Er tat es nur unter der Bedingung, daß Sunan das Land mit der nächsten Maschine verlasse. Sie flog nicht. Ihre Angst vor der Heimkehr, vor Arbeitslosigkeit, vor Adjara, Mengers Agentin in Thailand, war größer als die Angst zu bleiben.

Gerda Bödefeld

Einleitung

Von den Männern ist kaum die Rede, wenn es um den Frauenhandel geht. Meist stehen die Opfer im Rampenlicht - die illegal eingeschleuste thailändische Prostituierte, der nach ihrer Entdeckung die Abschiebung droht (vgl. S. 13); die Inderin, die als billige Braut in die Golfstaaten verkauft wird (vgl. S. 23); die von Agenturen in Europa und den USA als »exotische« Ehefrau angepriesene Filipina oder Brasilianerin (vgl. S. 53). Die Täter bleiben draußen vor. Dabei sind sie, die Männer, das große Problem.

Ohne Nachfrage kein Angebot. Seitdem es zu Hause schwieriger geworden ist, das gewohnte männliche Machtwort durchzusetzen, hilft die Dritte Welt, die liebgewordene Rolle aufrechtzuerhalten. Ob als Ehefrau, Dienstmädchen oder Prostituierte: »Exotische« Frauen haben nicht nur bei deutschen Männern Konjunktur.

200 000 Bundesbürger fahren jedes Jahr als Sextouristen in den Süden, hierzulande haben täglich Zehntausende Kontakt zu ausländischen Prostituierten, steht jeden Tag mindestens ein halbes Dutzend deutscher Männer mit einer Frau aus der Dritten Welt vor dem Standesamt.

Das Nord-Süd-Gefälle bringt den Süd-Nord-Verkehr in Schwung. Die chronische Verelendung der Dritten Welt, die der »Fortschritt« vor allem für die Frauen bringt, bedeutet für die Menschenhändler leichtes Spiel. »Betrachten wir den Mädchenhandel vom sozialen Standpunkt«, schrieb Josef Schrank, Präsident der österreichischen Liga zur Bekämpfung des Mädchenhandels, schon 1904, »so ist es die soziale Ungleichheit in der Güterverteilung, die dieses soziale Übel erzeugt. Auf der einen Seite finden wir die Töchter der Armen, die Opfer des Mädchenhandels, und auf der anderen die Söhne der Reichen, die sie begehren.«

Die Kluft zwischen Reich und Arm ist seitdem größer geworden, der Frauenhandel auch. Bekämpft wird er kaum, auch wenn sein steigender Umfang immer mehr Einzelheiten öffentlich werden läßt. Dieser Band schildert Beispiele aus dem illegalen und dem (halb)legalen Bereich. Geschichten über Männer-Moral. »Wenn hier fünf Frauen sitzen, die über mich richten, dann weiß ich nicht, wo die Gerechtigkeit ist«, meinte ein angeklagter Zuhälter 1988 angesichts von fünf Richterinnen. Solange es anders herum läuft, regt sich niemand auf. Nicht nur neue Männer braucht das Land, sondern wohl auch neue Wertmaßstäbe.

Lesetips:
Zum Beispiel Sextourismus. Lamuv/Süd-Nord 17, Göttingen 1988
Zum Beispiel Frauenalltag. Lamuv-Taschenbuch 90/Süd-Nord, Göttingen 1990

Illegaler Grenzverkehr

Die Frankfurter Polizei bescheinigt dem deutschen Mann in den Rotlicht-Bezirken eine »Aldi-Mentalität«. Kriminalhauptkommissar Bernhard Kowalski: »Eine deutsche Frau kostet 60, eine ausländische 30 Mark – also nimmt er zwei Ausländerinnen.« Seit die Aids-Angst in der Republik umgeht, arbeiten in den Bordellen immer mehr Ausländerinnen. Sie sorgen dafür, daß die meist männlichen Besitzer trotz sinkender Umsätze auf nichts verzichten müssen: Ausländische Frauen erhalten weniger, die Gewinnspanne für Zuhälter und Bordellbesitzer ist größer.

Eine Rechnung, die für die Profiteure vor allem bei Frauen aus der Dritten Welt aufgeht. Armut treibt sie in die Fänge der Menschenhändler. Schon 1984 sah eine Untersuchung der britischen »Human Rights Group« die Bundesrepublik als ein »Zentrum des Frauenhandels«. Der Frankfurter Flughafen gilt auch heute noch als Drehscheibe für das illegale Einschleusen von Menschen nach ganz Europa.

Wie viele jedes Jahr in die Bundesrepublik »importiert« werden, weiß keiner. Sicher ist: Der Frauenhandel hat in den letzten Jahren stetig zugenommen. Experten schätzen, daß 1984 sich etwa 4000 Prostituierte aus den Philippinen illegal in der Bundesrepublik aufhielten; jetzt sollen es mehr als 12000 sein.

Interpol werden im Jahr rund 60 Frauenhandels-Fälle gemeldet. Die Experten sind sich sicher: Das ist nur die Spitze des Eisbergs. Die internationale Wanderung der Prostitution ist, so ein UN-Bericht, »ein Zug armer Frauen zu reichen Männern«. Fünf große Wandersysteme sind aktenkundig:

- ein Strom von Lateinamerika über Puerto Rico zum südlichen Europa und Nahen Osten,
- einer von Südostasien nach dem Nahen Osten und weiter nach Mittel- und Nordeuropa,
- der Regionalmarkt in Europa,
- ein kleinerer von Europa zu den reicheren Ländern Westafrikas,
- der Regionalmarkt in den arabischen Ländern.

Auch die Händler-Welt ist sorgsam aufgeteilt. Nach Erkenntnissen der Behörden bearbeiten bundesdeutsche Menschenhändler vor allem den thailändischen Markt, französische Banden suchen Frauen-Nachschub in Afrika, die Niederländer haben Südamerika und die Antillen unter Kontrolle. Drogen- und Frauenhandel nutzen oft dieselben Kanäle.

Die Gewinnmargen in diesem weltumspannenden Geschäft sind, so Bodo Zabel vom Bundeskriminalamt bei einer Anhörung des Bundestages 1988, »astronomisch«. Den meisten Frauen, die in die Fänge der Schlepperorganisationen geraten, wird eine hochbezahlte Arbeit im Ausland versprochen. Für den Transfer werden ihnen 4 000 bis 10 000 Mark berechnet, die sie abarbeiten sollen – mit 100 Prozent Zinsen im Jahr und mehr. Allein bei diesem Kreditgeschäft machen die Schlepper nach BKA-Schätzungen jedes Jahr 35 bis 50 Millionen US-Dollar Profit.

Für die Handelsbilanz der Entwicklungsländer bedeuten im Ausland arbeitende Bürger ebenfalls einen Gewinn: Ihre Überweisungen in die Heimat reduzieren das chronische Defizit. Die philippinischen Arbeitnehmerinnen im Ausland schicken nach Zahlen der Regierung in Manila jedes Jahr durchschnittlich 60 Millionen Dollar nach Hause. Die Dominikanische Republik in der Karibik erhält von ihren außerhalb der Grenzen verdienenden Untertanen rund 230 Millionen Dollar überwiesen - soviel Devisen verdient das Land sonst nur noch durch den Export des wichtigsten Rohstoffs der Insel, Zucker.

Zwei Drittel der Bevölkerung der Dominikanischen Republik leben unter der absoluten Armutsgrenze. Frauen geht es dabei, wie überall, noch schlechter als Männern; Prostitution scheint vielen der einzige Ausweg aus dem Elend. Hier haben Menschenhändler leichtes Spiel.

Allein auf der Nachbarinsel Haiti sollen 6 000 Dominikanerinnen leben, aber auch in Europa sind sie als Barmädchen und Tänzerinnen gesucht. »Die Regierung unternimmt nichts, um diesen Menschenhandel wirksam zu unterbinden«, meint die ehemalige UN-Mitarbeiterin Cristina Cavalcanti, die in der Dominikanischen Republik in einem Forschungsprojekt mit Prostituierten zusammengearbeitet hat. Mittlerweile gebe es in der Karibik und nach Lateinamerika ein ausgeklügeltes Transportsystem, mit dem die Frauen weitergereicht werden.

Nicht immer allerdings ganz problemlos. 1985 meldete die Pariser Zeitung »Le Matin«, daß 28 junge Prostituierte aus der Dominikanischen

Republik den illegalen Transport von der französisch-niederländischen Insel St. Martin zur Nachbarinsel St. Thomas nicht überlebt hätten: Der von außen verschlossene Container, in dem die Frauen versteckt waren, habe nur ein Luftloch und nicht, wie bei diesen Transporten üblich, mehrere gehabt – die jungen Frauen seien erstickt. Ein Bordellbesitzer hatte sie für umgerechnet 2 400 bis 3 000 Mark auf andere Karibikinseln vermittelt, berichtete der Korrespondent; solche Transporte fänden alle 14 Tage statt. Der Container trug die Aufschrift einer amerikanischen Firma: »Carribean amusement«.

Nach Europa kommen die Karibik-Frauen vor allem über die Niederlande. Ein Bericht der Stadt Amsterdam schätzt, daß vier von zehn Frauen, die dort im Sexgewerbe arbeiten, durch Schlepperorganisationen aus der Dritten Welt ins Land eingeschleust worden sind. Die Polizei hat es bereits mit Frauen aus 53 Ländern zu tun gehabt. Die meisten bleiben nicht länger als drei Monate an einem Ort und werden dann weitergereicht, viele haben eine Scheinehe mit einem Niederländer geschlossen. Männliche Heiratskandidaten werden von den Menschenhändlern für ein Handgeld von 3 000 Mark angeworben – in Amsterdam sind nach Erkenntnissen der Polizei bereits drei von vier Heiraten Scheinheiraten. »Wir sahen sie überall auftauchen«, sagt ein Polizist über die Frauen aus Ghana, die mit VW-Bussen aus der Bundesrepublik ins Land gebracht werden, »in Bordellen und Peep-Shows in Limburg, Den Haag, Utrecht und Amsterdam. Und als die Polizei sie kontrollierte, waren sie immer mit einem Niederländer

> »Wenn wir davon ausgehen, daß sich etwa 2 000 thailändische Frauen in Berlin prostituieren und jede etwa fünf Freier pro Tag hat, dann sind es rund 10 000 Berliner Männer, die täglich Kontakt zu thailändischen Frauen haben.«
>
> *Mitarbeiterin einer Beratungsstelle, 1989*

verheiratet.« Mindestens 1000 Frauen kommen jedes Jahr als »Sex-Nachschub« über die Grenze – ein Handel, der weitgehend unbemerkt von der Öffentlichkeit abläuft.

Lisa Mamac stammt von den Philippinen. Die 26jährige arbeitete als Sekretärin in Butuan City auf Mindanao, als sie Nestorio Placer kennenlernte, Chefankläger beim örtlichen Gericht, einen Mann von Ansehen. Er bot an, Lisa eine Stelle als Angestellte eines Fünf-Sterne-Hotels in den Niederlanden zu vermitteln. 1000 US-Dollar sollte sie dort im Monat verdienen. Placer versprach, alle Kosten für die Reise vorzuschießen – mit 200 Dollar im Monat könne Lisa diese Schulden die nächsten zwei Jahre bei ihm abstottern.

Lisa willigte ein. Als sie in Holland eintraf, wurde sie sofort in einen Sexclub auf dem platten Land gebracht. Der Besitzer, Jan Schoeman, nahm Lisas Paß, arrangierte eine Scheinheirat mit einem Holländer, so daß Lisa ein ständiges Aufenthaltsrecht erhielt, und prügelte sie zur Prostitution. Noch fünf andere Filipinas ließ er für sich anschaffen. Nicht einmal zum Einkaufen durften sie das Haus verlassen, alles Geld strich Schoeman ein.

Dreieinhalb Jahre arbeitete Lisa im Sexclub,

dann, im Mai 1988, flog das Unternehmen bei einer Polizeirazzia auf. Sie erstattete Anzeige. Schoeman wurde festgenommen, kam aber wieder frei, weil er erklärte, Lisa sei bereits auf den Philippinen eine Prostituierte gewesen und habe zu den Liebesdiensten deshalb nicht gezwungen werden müssen. Erst als die Filipina nach Hause gereist war und ihre Geschichte mit Papieren beweisen konnte, glaubten ihr die Behörden – aber da war Schoeman mit seiner philippinischen Frau schon längst geflohen.

Lisas Fall wirbelte in den Niederlanden viel Staub auf. Gesetze gegen den Menschenhandel wurden verschärft; Zwangsprostituierte, die sich illegal in den Niederlanden aufhalten, werden jetzt nicht mehr sofort abgeschoben, wenn sie ihren Fall den Behörden melden; seit April 1987 bietet eine »Stiftung gegen Frauenhandel« in Den Haag Betroffenen Schutz und Betreuung an.

Jan Schoeman mußte hinter Gitter: In Malate in der Nähe von Manila hatte er eine Bar aufgemacht und wartete darauf, daß Gras über seinen Fall wachse. Als die niederländische Justiz nach langem Zögern den Prozeß 1988 wieder aufnahm, wurde Schoeman aus den Philippinen ausgewiesen und in Leeuwarden zu zweieinhalb Jahren Gefängnis verurteilt. »Eine geringe Strafe, über die ich enttäuscht bin«, sagte Lisa Mamac, als sie für den Mut, ihren Fall öffentlich auszufechten, im Herbst 1990 in den Niederlanden mit einem Preis ausgezeichnet wurde.

Der Kampf gegen Frauenhändler ist mühsam. Ihre Opfer werden sorgsam versteckt, in ganz Europa verschoben und leben in ständiger Angst

> »Frauenhandel geht wie Sklavenhandel mit Gewalt und Ausbeutung einher, und die Frauen sind hier nichts anderes als Arbeitskräfte, die sexuell ausgebeutet werden.«
> *Niederländischer Untersuchungsbericht, 1987*

vor Abschiebung. Der Polizei vertrauen sie sich oft nicht an, da sie sie für ebenso korrupt halten wie die in ihrer Heimat; andere Anlaufstellen sind ihnen meist unbekannt. »Kontakte aufzubauen, ist oft äußerst schwierig«, erzählt Ceciel Brand, Sozialarbeiterin in Den Haag, die regelmäßig im »Roten Viertel« der Stadt unterwegs ist. »Oft grüße ich nur. Das halte ich ziemlich lange durch. Manchmal öffnet sich eine Tür, und eine Frau erzählt mir ihre Geschichte.«

So stammt das meiste Material über den Frauenhandel aus den Niederlanden - nicht, weil dort soviel mehr passiert als anderswo; die Holländer bekämpfen den Menschenhandel nur am entschlossensten. Die Bundesrepublik steht bislang im Ruf, eher gegen die Frauen als gegen die Drahtzieher vorzugehen. Als sich eine thailändische Prostituierte in Berlin vor der Mißhandlung durch einen Zuhälter in ein Frauenhaus flüchtete, holte die Polizei bei ihren Vernehmungen ausgerechnet diesen Zuhälter als Dolmetscher.

Für Oberstaatsanwalt Mahnkopf in Hannover, einem Ankläger im Menschenhandels-Prozeß in Hildesheim (vgl. S. 109), ist sicher: »Die Aussagen der Frauen sind nur glaubhaft, wenn sie ihren Zuhälter hinter Gittern wissen.« Durch den Verschuldungstrick stehen die Frauen unter starkem

Druck. Schuldscheine über 50 000 Mark sind keine Seltenheit, und den Behörden sind Fälle bekannt, wo dieses Geld nach Abschiebung der Frauen in ihre Heimat dort von Kontaktmännern eingetrieben wurde. Einzige Möglichkeit der Rückzahlung: die Prostitution.

Die Behörden in der Dritten Welt spielen das Spiel der Menschenhändler mit. In die Bundesrepublik reisen heute immer mehr Thailänderinnen ein, die zum zweiten- oder drittenmal nach Deutschland kommen - mit neuem Namen und neuen Papieren. »Solange die bei den thailändischen Behörden so leicht zu bekommen sind«, meint ein deutscher Ermittler, »solange haben wir hier einen schweren Stand.«

Amsterdam. Französische und belgische Behörden sind einer Bande auf die Spur gekommen, die Jugendliche aus Thailand über Moskau in EG-Länder schmuggelt. Etwa 25 Jugendliche waren in Frankreich aufgegriffen worden. Sie hatten Visa für einen dreitägigen Aufenthalt in den Benelux-Ländern bei sich, ausgestellt vom Niederländischen Konsulat in Bangkok, und sollten als billige Arbeitskräfte in der Pornoindustrie arbeiten.

nach: Süddeutsche Zeitung, 5. 2. 1988

Paris. Die französische Polizei hat einen in der Bundesrepublik und in Frankreich operierenden Zuhälterring aufgedeckt; 17 Personen wurden festgenommen. Wie in Paris mitgeteilt wurde, wurden zumeist von den Antillen stammende Frauen mit dem Versprechen einer Arbeit in die Bundesrepublik gelockt. Dort seien die mittellosen und kein Deutsch sprechenden Frauen von den Zuhältern dann schnell in die Prostitution getrieben worden.

Frankfurter Rundschau, 24. 6. 1988

Santiago. In der chilenischen Hafenstadt Valparaiso sind die Behörden einem Mädchenhändler-Ring auf die Spur gekommen. Der Grieche Ellinaidis soll in den letzten drei Jahren etwa 200 Frauen über Valparaiso als Prostituierte nach Griechenland verschoben haben. Er kam gegen Kaution frei.

die tageszeitung, 17. 8. 1988

Wiesbaden. In einer bundesweiten Aktion gegen einen internationalen Menschenhändler-Ring haben Beamte des Bundeskriminalamtes (BKA) 19 Wohnungen durchsucht und zwei Personen festgenommen. Wie das BKA in Wiesbaden mitteilte, handelt es sich bei den Festgenommenen um zwei mit Haftbefehl gesuchte Drahtzieher einer international organisierten Gruppe von Filipinos, Amerikanern und Deutschen, deren Opfer zumeist junge philippinische Frauen sind.

Süddeutsche Zeitung, 19.8.1988

Rio de Janeiro. Die brasilianische Polizei hat einen Deutschen und ein holländisches Paar wegen Frauenhandels festgenommen. Sie hatten laut Polizei fünf Brasilianerinnen in Amsterdamer Bordelle vermitteln wollen.

die tageszeitung, 1.9.1988

Hamburg. Mindestens drei junge Jugoslawinnen sind einem 39jährigen Landsmann und seinen Hamburger Komplizinnen zum Opfer gefallen, die ihnen lukrative Arbeit in der Bundesrepublik versprochen und sie nach ihrer Einreise zur Prostitution gezwungen hatten. Der Menschenhandel flog auf, als eines der Opfer flüchten konnte und die Polizei alarmierte.

nach: die tageszeitung, 4.10.1988

München. Ein Ring von Menschenhändlern, der iranische Illegale gegen eine Bezahlung von jeweils 10 000 Mark in die Bundesrepublik schleuste, ist von der Polizei zerschlagen worden. Im Münchner Raum sind in den letzten Jahren rund 30 Gruppen aufgeflogen, die sich mit der Einschleusung im großen Stil von Menschen aus Ungarn, Rumänien, dem Iran, aber auch Frauen aus der Dominikanischen Republik und aus Ostasien als »Heiratskandidatinnen« befaßten.

Süddeutsche Zeitung, 13.1.1989

»Traumverkäufer«

»Mädchen für ein paar Tausend Rupies versteigert« - Meldungen dieser Art gehen regelmäßig durch die indische und pakistanische Presse. In Karatschi, Kaschmir und anderen nordindischen Regionen blüht das Geschäft mit zwölf- bis achtzehnjährigen Mädchen. Es hat mit dem Sextourismus in Thailand, Sri Lanka und auf den Philippinen gemeinsam, daß es ein Geschäft mit der Armut ist. Wie dort, so ist es auch in Indien für skrupellose Geschäftemacher sehr einträglich, sich über Grenzen und Gesetze gleichermaßen hinwegzusetzen.

In den »Käfigen« von Bombay, den vergitterten Ausstellungs- und Aufenthaltsräumen der Prostituierten in Falkland Road, sind sie in den letzten Jahren immer häufiger anzutreffen: junge Nepalesinnen. Auf 20 000 schätzt man sie allein in Bombay; in Kalkutta sollen es noch mehr sein. Sie kommen alle aus der bitteren Armut nepalesischer Dörfer, wo Frauenhändler ihren Eltern und ihnen versprochen haben, sie in eine indische Großstadt zu bringen und für eine einträgliche Arbeitsstelle zu sorgen. Einmal am Ziel dieser Träume angekommen, könnten sie die Kosten für Reise und Vermittlung schnell abtragen - das erzählen die »Traumverkäufer«, wie die Frauenhändler in Nepal inzwischen genannt werden.

Gorakhpur, eine indische Provinzstadt unweit der nepalesischen Grenze, ist eine erste ernüchternde Zwischenstation für die meisten. Hier wird die menschliche Ware vorsortiert: Die hübschesten werden nach Bombay verfrachtet, die zweite Gruppe nach Kalkutta, weniger attraktive in andere indische Städte. Umgerechnet zwischen 1000 und 10 000 Mark zahlen Bordellbesitzer in Bombay für die Mädchen und verlangen von ihnen dann, diese »Kosten« abzuarbeiten; Unterkunft und Verpflegung sind frei.

In der ersten Zeit werden die Mädchen sorgfältig bewacht, weil viele zu fliehen versuchen. Doch ohne Sprach- und Ortskenntnis, ohne Geld und Anlaufstelle kommen sie meist nicht weit. Die ganz wenigen, denen der Ausbruch gelang, berichten, daß die Polizisten in den berüchtigten Bordell-Straßen mit den Zuhältern unter einer Decke stecken und entflohene Mädchen zurückbringen.

40 Mark verdient eine Prostituierte pro Nacht an der indischen Laufkundschaft, bis zu 600 Mark, falls einer der Ölscheichs ihr Freier ist, die aus den arabischen Ländern zum Vergnügen nach Bombay kommen. 40 Prozent dieses Verdienstes stehen der Prostituierten zu – falls sie nicht noch ihre Schulden abzutragen hat.

Die Nachfrage nach Nepalesinnen ist groß: Indische Kunden schätzen sie wegen ihrer Hellhäutigkeit und Freundlichkeit, so daß Inderinnen die Konkurrenz gegen sie oft verlieren. Nach einiger Zeit ersetzen die meisten die Hoffnung auf Ausbruch durch die auf Aufstieg. Eine Rückkehr in ihr nepalesisches Dorf scheint ihnen unmöglich, da dort Prostitution geächtet ist. So träumen denn viele davon, mit Arabern das schnelle Geld zu

Dacca. Die Polizei von Bangladesh hat einen Ring von Mädchenhändlern gesprengt und 14 Personen, darunter 12 Frauen, verhaftet, die minderjährige Mädchen entführt und an Bordelle verkauft haben sollen. Dies berichteten die Behörden von Bangladeshs Hauptstadt Dacca. Die Polizei rettete bei ihrer Aktion neun Mädchen zwischen 14 und 16 Jahren, die für je 1 000 Taka (rund 60 Mark) an Bordelle im verrufensten Rotlicht-Viertel der Hafenstadt Narainganj 20 Kilometer vor Dacca verkauft worden waren. Sie waren zuvor aus ihren Heimatdörfern entführt worden. Sechs weitere entführte Mädchen werden noch vermißt. Wenige Tage vor der Polizeiaktion war in Dacca ein Bericht veröffentlicht worden, demzufolge etwa 3 200 Mädchen zwischen 10 und 15 Jahren in Narainganj zur Prostitution gezwungen werden. Seit Juli 1988 droht Frauenhändlern in Bangladesh die Todesstrafe.

nach: afp-Meldung, 18. 5 .1989

machen und bald zur Bordellmanagerin aufzusteigen.

Als 1984 ein Händlerring in Nepal und Nordindien aufflog, wurde ein Nepalese in Kathmandu zu lebenslänglicher Haft verurteilt. Ansonsten drücken indische Grenzbeamte und Polizisten meist beide Augen zu, weil dann auch für sie bei dem Geschäft etwas abfällt. Dies ist auch der Grund dafür, daß der Handel mit jungen Frauen aus Bangladesh seit Jahren ungehindert floriert. Auch dort werden Mädchen mit Versprechungen auf Ehe oder Arbeitsstelle auf die weite Reise nach Indien und Pakistan gelockt. Die jungen Frauen nutzen jede Chance, dem Leben in Hunger und Elend zu entkommen, und nehmen dafür das Risiko der Reise ins Ungewisse in Kauf. Statt im Wohlstand finden sie sich bald auf einer Versteigerung in einer nordindischen Provinzstadt oder im pakistanischen Karatschi wieder, wo sie für umgerechnet 250 bis 1 000 Mark Eigentum des meistbietenden Mannes werden. Gerade alte und behinderte Männer sehen in diesen Auktionen eine gute Chance, eine Frau zu erwerben. Es ist billiger, einmal ein preiswertes Mädchen zu ersteigern, als jahrelang eine Hausangestellte zu bezahlen.

Glück haben die Versteigerungsobjekte, wenn sie »nur« Ehefrau werden; meist müssen sie jedoch »anschaffen« gehen, sei es durch schwere Lohnarbeit oder durch Prostitution. In Kaschmir ersteigerten sich Männer Mädchen aus Bangladesh, um sie nach einiger Zeit in entlegenen Dörfern weiterzuverkaufen. Viele dieser jungen Frauen wechselten innerhalb weniger Jahre mehrfach den Besitzer. Von Karatschi aus wird lebendige Ware in den Iran, Irak und die Golfstaaten weitergehandelt.

Mit der Drohung, sich der »illegalen Emigration« strafbar zu machen, werden die Frauen eingeschüchtert. So bestreiten denn auch die Behörden in Bangladesh und Indien, daß hier ein »Sklavenhandel« vorliegt, denn schließlich würden die Frauen ja einwilligen, über die Grenzen geschmuggelt zu werden. Nur wenn der Leidensdruck unerträglich wird, wagen es einzelne

Frauen, sich Polizeikommissaren, Rechtsanwälten oder Journalisten anzuvertrauen. Und nur wenn sie Glück haben, nehmen diese sich ihrer an und schicken sie nicht zu ihrem »rechtmäßigen« Ehemann zurück.

Von Zeit zu Zeit wird dann eine Gruppe »Geretteter« von Karatschi nach Dacca zurückgeflogen. Bei ihrer Rückkehr nach Bangladesh haben die Frauen zu allem durchlittenen Elend und einer wenig hoffnungsvollen Zukunft auch noch die Schande. Auf Proteste von Frauengruppen hin versicherte die Regierung von Bangladesh, sie sei gegen die gut organisierten Frauenhändler ohnmächtig. Ein Ende des Geschäfts mit jungen Frauen als Verschiebemasse zwischen den Ländern ist nicht in Sicht. Solange das Überleben in den Dörfern Nepals und Bangladeshs so wenig gesichert ist, sind den Frauenhändlern der Nachschub und die Gewinne sicher.

Christa Wichterich

Sechs Frauenhändler zum Tode verurteilt

Peking (dpa). Sechs Männer sind in der zentralchinesischen Provinz Henan wegen Frauenhandels zum Tode verurteilt worden. Wie die chinesische Zeitung »Fazhi Ribao« gestern berichtete, sind von der Polizei mehr als 200 Banden, die dieses Geschäft betreiben, zerschlagen worden. 1800 Personen wurden dabei festgenommen. Laut »Fahzi Ribao« gibt es in China unzählige Verbrecherbanden, die sich auf die Entführung und den Verkauf von Kindern und Frauen spezialisiert haben.

Allein während einer zweiwöchigen Polizeiaktion in Henan seien 940 Fälle von entführten Kindern und Frauen aufgedeckt worden, hieß es weiter. In der Regel seien die Mädchen von den Händlern auch vergewaltigt worden. Eine Bande setze sich meist aus einigen Dutzend Personen zusammen, die jeweils für unterschiedliche Aufgaben wie die Entführung, den Transport und den einträglichen Verkauf verantwortlich seien.

Erst vor wenigen Wochen hatte die Polizei in der Provinz Sichuan mehr als 7000 Frauen und Kinder aus den Händen der modernen Sklavenhändler befreit. Junge Mädchen werden von ihnen meist mit Versprechungen einer Arbeitsstelle in die Falle gelockt, später an Bauern in entfernten Regionen als Ehepartner verkauft, wo sie praktisch wie Sklavinnen gehalten werden.

Darmstädter Echo, 28. 2. 1990

Für Araber sind Inderinnen billig

Tausende indische Frauen und Mädchen werden jährlich »exportiert«. Heiratswillige Männer aus den arabischen Golfstaaten begeben sich nach Indien auf Brautschau, um so eine kostspielige Heirat mit einer anspruchsvolleren Araberin zu umgehen.

Der Frauenhandel blüht. Die Folgen sind oft katastrophal: Viele der verhökerten Inderinnen begehen Selbstmord. Entsetzen löste unlängst der Selbstmord einer 15jährigen Inderin in den Vereinigten Arabischen Emiraten (VAE) aus. Das Mädchen hatte sich aus Verzweiflung über ihre Ehe mit einem 70 Jahre alten Araber mit Benzin übergossen und angezündet. Auch das Krankenhaus des Emirates Ras Al Khaimah konnte sie nicht mehr retten.

Für Staatsanwalt Hassan Abu Al Rugha ist dieser Fall die Konsequenz aus den unvermeidlichen Problemen, die Ehen wie diese mit sich bringen: »Unsere Aufzeichnungen zeigen, daß Scheidungen, unglückliche Familien und sogar Selbstmorde bei solchen Verbindungen nicht unüblich sind.«

Doch für arabische Männer (und die indischen Eltern) bringt der Handel offensichtlich Vorteile. Im Vergleich zu einheimischen Frauen sind Inderinnen billig und genügsam, und deren Eltern sind erleichtert, ihre Töchter ohne die in Indien übliche hohe finanzielle Belastung loszuwerden.

Während in arabischen Ländern das System des Brautpreises gilt, der Mann also an die Familie der Frau zahlen muß (da er ihre Arbeitskraft bekommt), gilt in Indien das Mitgiftsystem. Die Eltern der jungen Frau müssen mittlerweile Unsummen dafür hergeben, ihre Tochter zu verheiraten (vgl. dazu den Süd-Nord-Band »Zum Beispiel Frauenalltag«).

Für nur 2 500 US-Dollar ist eine indische Braut für einen Araber zu haben, deckte ein lokaler Funktionär auf. In diesem Betrag sind Flugpreis, Paß und Provision des Vermittlers schon inbegriffen. Eine Heirat mit einer inländischen Frau kommt dagegen entscheidend teurer: Bis zu 150 000 US-Dollar können dabei an Kosten entstehen, vor allem durch die anspruchsvollen Aussteuerungsforderungen der Brauteltern. Frauen in den Golfstaaten sind außerdem einen höheren Lebensstandard gewöhnt und erwarten Ferien im Ausland, gute Wohnungen und Autos, erklärt Ismael Fatima, Direktorin der Sozialzentren in Dubai. Hinzu kommt, daß arabische Frauen heute wesentlich besser ausgebildet sind als früher - zur Zweit-, Dritt- oder gar Viertfrau, wie im Islam erlaubt, geben sie sich oft nicht mehr her.

Ein Zentrum für den »Ankauf« indischer Frauen und Mädchen ist die Hauptstadt der südindischen Provinz Andhra Pradesh, Hyderabad, die von zahlreichen armen Moslems bewohnt wird. Mittellose Eltern sind dort in vielen Fällen nicht imstande, die Mitgift für ihre Töchter aufzubringen, und erliegen der Versuchung, die Geldangebote der »brautschauenden« Araber anzunehmen.

Diese bezahlen für ein Mädchen zwischen 66 und 1000 US-Dollar an dessen Eltern. Die Zeitschrift »India Today« veröffentlichte Schätzungen, nach denen pro Jahr allein in Hyderabad etwa 25 000 Ehen dieser Art geschlossen werden.

Als »Kundenfänger« fungieren in der Regel Einheimische, die über Arabischkenntnisse verfügen und für ihre Vermittlungstätigkeit fette Prämien kassieren. Sie sind auch für die Beschaffung von

Pässen und Flugtickets zuständig – falls der Araber überhaupt wünscht, seine Frau mit nach Hause zu nehmen. Denn oftmals betrachtet er sie nur als Prostituierte während seines Urlaubsaufenthalts in Indien. Für solche Fälle setzen willfährige Priester gleichzeitig mit den Heiratsdokumenten auch die Scheidungspapiere auf.

Der Brauthandel blüht nach wie vor, obwohl von seiten der erdölexportierenden Staaten Saudi-Arabien, den Vereinigten Arabischen Emiraten, Kuwait, Katar, Bahrain und Oman Gegenmaßnahmen ergriffen wurden. Im Oman kann einem Bürger, der eine Ausländerin heiratet, die Staatsbürgerschaft entzogen werden; die Regierung Saudi-Arabiens verweigert ausländischen Gattinnen ohne Zulassung aus dem Heimatland das Visum.

Schon 1985 hatte Saudi-Arabien der indischen Regierung empfohlen, eine Heirat zwischen Saudis und Inderinnen nur mit ausdrücklicher schriftlicher Erlaubnis seiner Botschaft in Neu-Dehli zu genehmigen. Die saudische Regierung unterstützt sogar jene Bürger finanziell, die einheimische Frauen heiraten. Das Sozial- und Arbeitsministerium der VAE schlug vor, jenen Männern das Recht auf Heirat zu entziehen, die entweder bereits eine Ehefrau in ihrer Heimat haben oder vor weniger als einem Jahr geschieden wurden oder über 50 Jahre alt sind. Schon 1982 berichtete der Arbeitsminister des Landes von zahlreichen Beschwerden über Ehen zwischen etwa 60jährigen Arabern und minderjährigen indischen und pakistanischen Mädchen.

Die offiziellen Vertreter Indiens sind sich im klaren darüber, daß indische Mädchen und Frauen im Ausland häufig mißhandelt werden. Wenn der Altersunterschied zwischen den Ehegatten mehr als 15 Jahre beträgt, muß eine spezielle Bewilligung für die Pässe vom Ministerium für auswärtige Angelegenheiten in Neu-Delhi erteilt werden. Die Braut und ihre Eltern müssen eine beeidigte Erklärung unterschreiben, derzufolge sie sich der spezifischen Probleme bewußt sind, die indische Mädchen bei ihrer Heirat mit Golf-Arabern erwarten. Für die nicht des Lesens und Schreibens kundigen »verkauften Bräute« ist diese Erklärung jedoch nur von geringem Wert.

Armina Jamal

Christen mit Rabatt

Kuwait (AZ). Die Regierung des Ölscheichtums Kuwait hat Zeitungsanzeigen verboten, in denen ausländische - vorwiegend asiatische - Dienstmädchen als »Ware« zum Tausch oder zu Sonderpreisen angeboten werden. Wie die kuwaitische Presse am Wochenende berichtete, griff das Ministerium für Erziehung und Moral ein, nachdem die Abteilung für Menschlichkeit und Barmherzigkeit eine besorgniserregende Zunahme dieser Anzeigen festgestellt hatte. Die Zeitung »Al-Qabas« zitierte folgende Beispiele: »Wir tauschen Ihr altes Dienstmädchen gegen ein neues, in nur einer Woche für nur 50 Dinars (rund 530 Mark) ... Moslemische Mädchen aus Sri Lanka für nur 175 Dinars ... 30 Prozent Rabatt auf christliche Haushilfen, drei Monate Garantie ... Sonderangebot an philippinischen Mädchen.« Die Anzeigen werden von speziellen Agenturen aufgegeben, die am ganzen Persischen Golf gegen Gebühren arbeitslose Asiaten als Dienstpersonal vermitteln.

AZ (Wien), 22.1.1985

Mädchen für alles – illegal und mittellos

Hilfesuchend steht die zierliche Frau auf dem S-Bahnhof, drei prall gefüllte Koffer zu ihren Füßen. Frankfurt/Konstabler Wache: die Endstation ihrer Sehnsucht! Der Schock dieser Erkenntnis läßt sie zu einem verzweifelten Entschluß kommen. »Wo geht es hier zur Polizei? Zur Polizei, bitte?« fragt sie vorbeieilende Passanten auf englisch. Pfarrer Arndt und seine Frau nehmen sich ihrer an. Erst wenige Wochen zuvor hatten sie eine Veranstaltung der Frankfurter Ökumenischen Asiengruppe besucht, auf der über den Handel mit Frauen aus der Dritten Welt berichtet worden war. »Wir wollten ihre Geschichte hören«, rechtfertigt Sigrun Arndt den Entschluß ihres Mannes, der jungen Frau von den Philippinen nicht den Weg aufs nächste Polizeirevier zu weisen, sondern sie mitzunehmen und die Asiengruppe zu alarmieren. »Es war Wochenende, und wir befürchteten, man werde sie sonst in Abschiebehaft stecken.«

Die Arndts hatten richtig vermutet. Flordeliza Luzon* besaß weder einen Pfennig Geld noch eine Aufenthaltserlaubnis. Anderthalb Jahre zuvor war sie als Touristin eingeschleust und in eine *housing area,* ein Wohngebiet für Angehörige der US-Armee, bei Wiesbaden gebracht worden. Ein Soldatenehepaar, so berichtet sie den Arndts, hatte

---

* Der Name wurde geändert.

sie gegen ein zugesagtes, aber nie ausgezahltes Monatssalär von 200 Dollar plus Kost und Logis als Babysitter und Mädchen für alles beschäftigt: Ihren Lohn enthält man ihr mit der Drohung vor, daß – sollte sie zur Polizei gehen – sie ja »dran« sei, nicht man selbst. Als bei Razzien auf US-Militärgelände in Hessen und Baden-Württemberg »Leibeigenschaften« dieser Art ans Tageslicht gebracht werden, wird Flordelizas Bett aus der Wohnung entfernt. Wochenlang darf sie das Appartement nur noch im Schutz der Dunkelheit verlassen. Bis man ihr sagt, sie solle ihre Koffer packen.

Völlig mittellos, nur mit einer Fahrkarte von Wiesbaden nach Frankfurt in der Tasche, setzt das Soldatenehepaar die 34jährige in der S-Bahn aus. »Erst in diesem Augenblick ist ihr die Ausweglosigkeit ihrer Situation unmißverständlich klargeworden«, meint Sigrun Arndt. »Bis dahin hatte sie immer noch gehofft, ihren Status legalisieren und ihre Kinder nachholen zu können.«

Flordeliza Luzon ist alleinstehend. Ihre Ehe scheiterte; die vier, heute zwischen sieben und zwölf Jahre alten Kinder waren bei den Eltern untergebracht, Reisbauern in einem abgelegenen Dorf im Norden der Insel Luzon. Für sich selbst hatte sie eine Stelle in der Hauptstadt gefunden. Ihr Verdienst als gelernte Hebamme an einem staatlichen Krankenhaus in Manila reichte zwar aus, ihr eigenes Überleben in der Metropole zu sichern. Für das Schulgeld der Kinder aber reichte es nicht.

In ihrer Sorge um die Zukunft ihrer Kinder ist sie nun leichtes Spiel für Schlepper und Menschenhändler. Sie greift nach dem Strohhalm, den sie ihr hinhalten: das Versprechen, ihr - gegen Gebühr - in der Bundesrepublik eine wesentlich besser bezahlte Stelle in ihrem Beruf zu vermitteln. Sie verschuldet sich hoch und tritt hoffnungsvoll die Reise ins Ungewisse an. Als Flordeliza Luzon klar wird, daß ihr Visum sie nur zu einem Besuch von drei Monaten und nicht zur Arbeitsaufnahme berechtigt, gibt es schon kein Zurück mehr. Rückflugticket und Bargeld waren ihr bei der Ankunft in Frankfurt von einem ihr unbekannten Verbindungsmann abgenommen worden. Ihr Schuldenberg ist auf 5 000 Dollar angewachsen. (Das durchschnittliche Pro-Kopf-Einkommen auf den Philippinen liegt bei 600 Dollar im Jahr.) So nimmt sie denn den illegalen Aufenthalt in Kauf.

»Manche Frau verdient hier mehr mit Babysitten als ihr Mann auf den Philippinen als Büroangestellter«, sagt Huanita Ramil*. Auch sie wollte ihr Glück bei den in Deutschland stationierten Amerikanern machen, wird aber im Rahmen einer konzertierten Polizeiaktion zusammen mit vier weiteren Filipinas auf einem US-Militärgelände bei Stuttgart aufgegriffen. Huanita ist sich zu diesem Zeitpunkt nicht einmal einer Schuld bewußt, besitzt sie doch einen vom Personalbüro der Amerikaner ausgestellten Stempelvermerk und damit, so glaubt sie, eine gültige Aufenthalts- und Arbeitsgenehmigung, zumal sie doch von ihrem Gehalt als Schreibkraft Steuern und Sozialabgaben abführt.

---

* Der Name wurde geändert.

»Privilegierten-Ausweis für Filipinas« nennt der Stuttgarter Staatsanwalt Beckstein die Stempel spöttisch. »Vorsätzlich oder fahrlässig wird den Betroffenen hier ein aufenthaltsrechtlicher Status vorgegaukelt«, zu dem sie als Nicht-NATO-Angehörige nicht berechtigt seien. Dennoch werden von deutscher Seite keine Anstrengungen unternommen, den Drahtziehern auf die Schliche zu kommen. Huanita dagegen sitzt 23 Tage in U-Haft, bevor man sich ihrer durch Ausreiseaufforderung entledigt.

Wie Flordeliza waren auch die mit Huanita zusammen aufgegriffenen Frauen als Hausmädchen in Haushalten amerikanischer Soldaten tätig gewesen. Rund um die Uhr, ohne jede Kranken- oder Sozialversicherung, für »ein Taschengeld«, so Huanita. Ausbeuterische Verhältnisse will Staatsanwalt Beckstein hierin dennoch nicht sehen: »Ich hatte nicht den Eindruck, daß da eine Ausbeutung stattfindet. So wie ich gehört habe, sind die in die Familie aufgenommen und betreuen die Kinder.« Huanita sieht das anders: »Es gibt ja Tageskindergärten. Aber wenn die eine Filipina einstellen, dann sind eben nicht nur die Kinder versorgt. Dann ist auch das Haus geputzt, und das Essen steht auf dem Tisch, wenn sie vom Dienst kommen.«

15 000 Filipinas sollen sich nach polizeilichen Schätzungen allein im Rhein-Main-Gebiet illegal aufhalten – vielfach in Haushalten amerikanischer Soldaten. Nach Festnahmen befällt viele ihrer Arbeitgeber plötzlicher Gedächtnisschwund. Sie kennen die Frauen nicht, haben ihre Namen nie gehört. Hausdurchsuchungen können ohne Ge-

nehmigung der US-Militärbehörden nicht vorgenommen werden.

»In unserer Militärgerichtsbarkeit ist die strafrechtliche Verfolgung illegaler Beschäftigungsverhältnisse nicht vorgesehen«, erklärt Elayne Venena, Stabs-Sergeant der US-Armee in Europa. Strafantrag müsse von seiten des Aufnahmestaates, also der Bundesrepublik, ergehen. Die aber überläßt mit Hinweis auf das 1951 unterzeichnete NATO-Truppenstatut den Amerikanern das Feld. Dabei hätte sie die Möglichkeit, den dort vertraglich eingeräumten Verzicht auf Ausübung der eigenen Strafgerichtsbarkeit im Einzelfall zu widerrufen. Daß sie es nicht tut, begründet Staatsanwalt Beckstein mit Beweisnöten: »Ohne Hinweise können wir in den *housing areas* keine Erkenntnisse sammeln.« »Den Schwarzen Peter haben wir«, klagt ein Polizeibeamter, und kriminalisiert würden Frauen, die ohnehin »ganz arm dran« seien. »Die Frauen haben ihre Situation doch selbst verschuldet«, hält Sergeant Elayne Venena dagegen.

Angesichts der niedrigen Besoldung einfacher Soldaten - ihr monatliches Gehalt liegt im Schnitt bei tausend Dollar - erfüllen billige Hausmädchen eine wichtige Funktion in Soldatenfamilien. Vor illegalen Beschäftigungsverhältnissen wird daher von amerikanischer Seite zwar gewarnt, nachgegangen wird ihnen jedoch kaum. Der deutsche Staat dagegen schiebt ab, solange keine triftigen Gründe für eine Duldung vorliegen.

Die 27jährige Merlinda Orlando* wurde, im achten Monat schwanger, bei der Durchsuchung

* Der Name wurde geändert.

einer amerikanischen *housing area* bei Frankfurt aufgegriffen. Merlinda war über eine Schlepperorganisation, deren Anschrift sich als Briefkastenadresse herausstellt, angeworben worden. Über ihre »Soldatenfamilie« lernt sie einen Mann kennen, der ihr die Heirat verspricht. Doch nach Merlindas Verhaftung ist er, dessen Kind sie erwartet, wie vom Erdboden verschwunden. Obwohl sie Namen, Adresse und Telefonnummer des Vaters kennt, verweigern ihr die Sozialämter »wegen Aussichtslosigkeit« eine Prozeßkosten-Beihilfe für eine Vaterschaftsklage. Die amerikanischen Behörden weisen jede Verantwortung von sich: »Der Vater ist gesetzlich nicht verpflichtet, die Vaterschaft anzuerkennen. Da muß ihn die Frau schon selbst vor Gericht bringen. Und das«, meint Elayne Venena, »ist nach meiner Kenntnis bisher nicht ein einziges Mal geschehen.« Die Darmstädter Frauenbeauftragte Dagmar Morgan erstaunt das nicht weiter: »Wenn die Frau die *social security* (die Versicherungsnummer) des Freundes nicht kennt, haben Vaterschaftsklagen keinerlei Aussicht auf Erfolg.« Selbst dann, zitieren die Frauen der Ökumenischen Asiengruppe einen anderen Fall, seien die Chancen gleich null. Der Vater wurde stillschweigend in die Staaten zurückversetzt.

Nach der Entbindung wird Merlinda Orlando abgeschoben. Nur nach intensiven Vermittlungsbemühungen durch eine Sozialarbeiterin ist der alte, streng katholische Vater zu Hause auf den Philippinen bereit, die Tochter mit ihrem Kind bei sich aufzunehmen. Merlinda wird fortan mit der »Schande« und ohne jeden Unterhaltsanspruch leben müssen.

Auch Flordeliza Luzon ist in das Dorf ihrer Eltern zurückgekehrt. Ihre Lohnansprüche wurden nie beglichen, die Arbeitgeber nie belangt. Ein einziges Foto ist ihr aus jenen Tagen geblieben. Sie hatte es zwischen Büchern versteckt, als ihre Arbeitgeber ihr alles, was Beweismittel hätte sein können, abnahmen. Es zeigt eine strahlende junge Frau mit einem Baby auf dem Schoß. Das Kind, das an Ernährungsstörungen litt, wurde von Flordeliza, der ausgebildeten Hebamme, gesund gepflegt.

Birgit Schwarz

Tatort Bundesrepublik

Wie Sklaven wurden sie gehalten, sagt die Polizei: Neun Filipinas, die im Juni 1989 in Abschiebehaft kamen und vorher auf 30 Quadratmetern einer Kölner Einzimmerwohnung lebten. Miete: 650 Mark. Einzige Möbel: ein altes Sofa, ein Plastikschrank und ein Telefon, über das sie als Putzhilfen angefordert wurden. Die Arbeitgeber: Ärzte, Anwälte und reiche Familien aus Kölns Prominentenviertel Marienburg. 300 Mark monatlich zahlten sie für mindestens acht, oft mehr Stunden Arbeit pro Tag. Per Flüsterpropaganda empfahlen sie ihre billigen Perlen an Bekannte weiter.

Eine deutsch-philippinische Schlepperorganisation lockte die Frauen mit dem Versprechen auf ein schönes Heim, gute Bezahlung und beste Heiratsaussichten in die Bundesrepublik. Die Menschenhändler buchten die Flüge für die Filipinas - die sich als Touristinnen ausgeben mußten. Noch auf dem Flughafen nahmen die Schlepper, die für ihre Vermittlung zwischen 4 000 und 6 000 Mark kassierten, den Frauen ihre Pässe und Rückflugtickets ab. Vier der Frauen kehrten wegen ihrer Kinder freiwillig auf die Philippinen zurück, die fünf anderen wollen bleiben - um die Schulden an die Schlepper zurückzuzahlen. Zu Hause bliebe ihnen nur eine Art von Arbeit: die Prostitution.

aus: Viva, Nr. 12/1989

Filipina, 22 Jahre, zärtlich, treu

Alfred H. hatte in der Zeitung von den Vorzügen der Filipinas gelesen. Sanftmütig seien sie, so stand es in den Anzeigen der Eheanbahnungsinstitute. Liebenswürdig. Zärtlich. Anschmiegsam. Sehr, sehr weiblich. Und absolut treu. Alfred H. hatte »viele Firmen« angeschrieben. Bei Hans B. wurde er schließlich fündig. Der machte ihm ein ungewöhnlich günstiges Angebot: 3 900 Mark. Alfred H. wußte inzwischen: »Das ist wenig.« Nachdem er mit Rosalyn dos Santos im »Institut« von Hans B. ein paarmal Kaffee getrunken hatte, bezahlte er das Geld umgehend. Gegen Quittung. Drei Monate später wurden Alfred und Rosalyn vor dem Standesamt getraut.

Leider verlief die Ehe nicht so, wie es immer in den Zeitungsanzeigen gestanden hatte. Morgens um halb acht ging Alfred H., 50 Jahre alt, ins Großraumbüro, und immer, wenn er nachmittags gegen fünf nach Hause kam, erzählte Rosalyn, sie sei wieder bei einer Freundin gewesen. Wie heißt die denn? Hat die Telefon? Kann ich dich da erreichen, wenn mal was passiert, wollte er wissen. Eine Antwort bekam er nie. »Dann wird man ja mißtrauisch – ne?« Überhaupt: »Das war praktisch keine, wie man so sagt: Zusammenarbeit ... Sie konnte schlecht kochen ... Es war nicht rosig mit der Hausarbeit.« Und auch mit dem Sex – »man merkte schon, daß es nicht hundertprozentig war«. Finanziell hat sie allerdings keine großen Ansprüche gestellt, »das hab' ich ihr auch gleich gesagt«.

Alfred H. war daher nicht zu Tode betrübt, als seine Frau während eines Urlaubs in ihrer Heimat die Scheidung einreichte. Aber Sorgen machte er sich wegen möglicher Unterhaltszahlungen. Entsorgt wurde er bald darauf durch einen anonymen Anruf. Eine Frauenstimme, »einwandfrei eine Deutsche«, klärte ihn darüber auf, warum Rosalyn manchmal abends erst gegen zehn nach Hause kam. »Ich hab' mit ihr zusammengearbeitet.« In einem Sex-Club nämlich, in Moorrege, einem Dorf vor den Toren Hamburgs. Während Alfred H. also in seinem Großraumbüro saß, »war sie da nicht als Filipina, sondern als Thai-Mädchen«, er solle sich nur mal die einschlägigen Zeitungsannoncen angucken.

Nun schnitt Alfred H. aus dem »Hamburger Abendblatt« und der »BILD-Zeitung« die Kleinanzeigen aus, in denen vom »kleinen Thai-Teufel, 18 J.«, die Rede war, von der »Asiatin, 18 J., nett«, vom »zierlichen süßen Mod., Thai, 18 J.«. Die angegebene Telefonnummer kannte er vom Heiratsvermittlungsinstitut des Hans B., dem er die 3 900 Mark bezahlt hatte. Die Ehe wurde im Juli 1986 geschieden, ein Jahr nach der Trauung.

Und das alles muß der kaufmännische Angestellte Alfred H. jetzt als Zeuge fremden Menschen vor Gericht erzählen, weil Hans B. vor der Zweiten Großen Strafkammer beim Landgericht Hamburg der Zuhälterei, des Menschenhandels, der gefährlichen Körperverletzung und der Nötigung angeklagt ist. Er soll nicht nur Rosalyn dos

WIR DEUTSCHEN AUSLÄNDERFEINDLICH ?!??
LÄCHERLICH!!!
Neu! 2 junge, vielseitige Thaimodelle
Rassige Römerin Flavia
Attraktive Französin
Ilona, Afrika, Thai
Modelle. 10 U. früh–4 U. nachts. v. part. l.,
3 türkische Modelle
Nettes Siammodell
Negerin u. Anke, Modelle
= Bildhübsche Asiatin =
Sehr nettes Privatmodell erwartet Sie
Türkisches Modell!
Evlere gelebilir
Mulattin Domina, Modell
wieder da! Erwartet 12-19 U
2 junge Polinnen
Schwarze Perle, Sandra
THAI MODELL

Santos, sondern auch die Filipina Melanie Rosas erst mit falschen Versprechungen nach Deutschland gelockt und hier dann, mit Schlägen und Drohungen, zur Prostitution gezwungen haben.

Für die beiden Frauen, die Hauptbelastungszeuginnen, ist eine Dolmetscherin der englischen Sprache bestellt worden, eine freundliche ältere Dame. Vor dem Richtertisch stehen für Zeugin und Dolmetscherin zwei Sitzmöbel: ein hölzernes Stühlchen und ein gepolsterter Sessel aus grünem Leder mit Armstützen. Rosalyn dos Santos, eine kaum 1,60 Meter große Person, steht vor dem Sessel, als der Richter sie auffordert, sich doch bitte zu setzen. »Ich würde gern in dem bequemeren Stuhl sitzen«, sagt die Dolmetscherin resolut und drängt die Frau beiseite, die eingeschüchtert auf dem Holzstuhl Platz nimmt.

Rosalyn dos Santos, damals 22 Jahre und Arbeiterin in einer Schuhfabrik, hatte Ende 1984 Hans B. in Manila kennengelernt. Der hatte sich bei einer Heiratsvermittlerin »zehn Stück« Filipinas angeguckt und sie gefragt, ob sie »einen Mann in Deutschland heiraten« wollten. So kam Rosalyn nach Hamburg und Alfred H. zu einer Frau, die über seine untersetzte Gestalt und seinen Silberblick hinwegsah. Hans B., der Rosalyns Flug bezahlte, hat zu ihr »gesagt, ich muß heiraten, sonst kann ich nicht in Deutschland bleiben«.

Auch nach der Heirat fühlte sie sich in der Schuld von Hans B. So arbeitete sie zunächst als Sekretärin in seinem Heiratsvermittlungsinstitut, und nachdem daraus das kleine Moorregener Dorfbordell geworden war, mit drei bis vier Frauen in vier Zimmern, empfing auch Rosalyn montags bis freitags, von morgens neun bis fast um Mitternacht, vier bis fünf Leser des »Hamburger Abendblatts« und der »BILD-Zeitung«. Sie nahm dabei 400 bis 500 Mark ein. Von geringen Beträgen abgesehen, bekam Hans B. das Geld. Rosalyn dos Santos erzählt das alles den Richtern mit einem schlechten Gewissen. »Ich weiß, es ist nicht gut, aber ich habe es gemacht.« Der Richter fragt: »Warum?« – »Weil er hat mich geholfen nach Deutschland.«

Als sie im Winter von 1986 auf 1987, trotz aller Dankbarkeit, dann doch nicht mehr wollte, hat Hans »mich geschlagen«, hat auch gedroht: »Wenn die Polizei weiß, was du machst, dann kommt das gleich in die Zeitung in deiner Heimat.« Sie hatte Angst: »Wenn meine Eltern das lesen ... Ich will ja nicht, daß meine Eltern das wissen.« Bei einem Streit hat Hans B., im Vergleich zu ihr ein wahrer Riese an Körpergröße, die Tür so heftig zugeschlagen, daß sie sich den linken Zeigefinger eingeklemmt hat. Auf Bitten des Vorsitzenden Richters hält sie den Finger hoch. Er ist ganz rosig und wird nie wieder richtig zu bewegen sein. »Ich hab kein Power. Ich kann nicht machen.« Und einmal wurde sie von dem scharfen Schäferhund gebissen, der nur auf Herrchen Hans B. hörte.

Hans B. hat ihr aber auch Kleidung gekauft, Ohrringe, ein Armband, eine Kette. Zweimal ist er mit ihr auf die Philippinen gereist, hat ihren Eltern einen Kühlschrank geschenkt, und eigentlich hat er sie ja insgesamt nur dreimal geschlagen, und er hat sich auch entschuldigt und gesagt: »Ich tue es nie wieder.« Und er hat ihr Erwin Knoppel nahegebracht, der gelegentlich das Haus in Moorrege besuchte und den sie im Februar 1987 geheiratet hat. Nach der Scheidung von Alfred H. mußte sie ja Angst haben, bald aus der Bundesrepublik ausgewiesen zu werden. Die Trauung war am selben Tag, als nun auch Hans B. - es war eine richtige Doppelhochzeit - die Filipina Melanie Rosas heiratete, die er im November 1986 in die Bundesrepublik geholt hatte.

Von ihrem neuen Ehemann dachte Rosalyn erst, »der ist nett«, doch dann stellte sie fest: »Erwin hat kein Gefühl für mich ... Erwin hat gesagt, ich darf nur aufhören, wenn ich verdient habe 30 000 Mark.« Jeden Monat, so erzählt sie, mußte sie nun auch an den Ehemann Erwin Geld abgeben, 600 Mark. In der ehelichen Wohnung schlief sie im Wohnzimmer auf einer Matratze, während Erwin sich das Schlafzimmer mit einer behinderten Frau teilte, mit der er schon fast zehn Jahre zusammenlebte.

Von ihm wurde Rosalyn dann auch rasch wieder geschieden, und im Juni 1988 heiratete sie Ralf T., den sie aus dem Bordell in Moorrege kannte und der nun endlich ein Ehemann ist, der ihr den Mut machte, später vor der Polizei gegen Hans B. auszusagen und jetzt ihre Zeugenaussage vor Gericht durchzustehen.

Ihr zweiter Ehemann, Erwin also, hat die Möglichkeiten des neuen Namensrechts ausgeschöpft, was dazu führt, daß der Justizwachtmeister »den Zeugen dos Santos, bitte«, aufrufen kann und der Richter bei der Feststellung der Personalien des Zeugen dos Santos fragt: »Sie heißen Erwin und sind ein geborener Knoppel?« Das räumt der Mittfünfziger ein, und er ist auch bereit, auf Bitten des Richters, seinen hochgeschlossenen hellen Trenchcoat so weit zu öffnen, daß sein wulstiger Stiernacken nicht mehr völlig zugeschnürt ist. Auch steuert er zu seiner Person noch bei, daß er ein paar Jahre die Volksschule besucht hat, ohne Abschluß, »das war auch nicht möglich«, und dann als Maschinist gearbeitet hat und vor seiner Ehe mit Rosalyn, deren schönen Namen er nun trägt, drei- oder viermal verheiratet war. Aber mehr kann er leider nicht erzählen, »das ist alles so in Vergessenheit geraten, ich weiß auch nicht, was sechs mal sieben ist«. »42«, sagt einer der drei Richter, und alle lachen, nur Erwin dos Santos nicht: »Ich befürchte auch, daß etwas Falsches rauskommt. Daß ich mich ertappe.« Aber er kennt doch den Angeklagten Hans B.? »Ich kenne ihn, ich kenne ihn nicht.« Aber er hat doch in einer Vernehmung bei der Polizei etwas zu dieser Bekanntschaft gesagt? »Nee, in welcher Angelegenheit sollte das denn sein?« Aber hat er bei der Polizei nicht ausgesagt, er habe Hans B. vor 18 oder 19 Jahren in einer Badeanstalt kennengelernt? »Kann schon sein, irgendwas mit Wasser war's.«

Nach und nach erinnert er sich nun doch, daß er mit Hans B. seit der Doppelhochzeit (»wie es nach der Festlichkeit weiterging, weiß ich nicht«) zerstritten ist, »es ging um einen Geldbetrag, ein paar hundert Mark, den ich ihm nach der Hochzeit geliehen habe«. Die Ehe mit Rosalyn, das fällt ihm wieder ein, hatte er sich anders vorgestellt. Sie war mal ein paar Tage da, dann wieder einige Tage weg. Ostern zum Beispiel, »da hatte ich mich ein bißchen präsent gemacht, ein bißchen dekoriert« – und dann kam sie überhaupt nicht. Eines

Tages hat er »ihr Verbot gegeben«, also ihre Sachen zusammengepackt und vor die Tür gestellt, und dann »hab ich sie selbst bei der Scheidung nicht mehr angesehen - dazu ist mir zuviel zugefügt worden«.

Was aber da draußen in Moorrege, im Haus von Hans B., passiert ist, das weiß er beim besten Willen nicht. Er war öfter mal da, aber interessiert hat ihn eigentlich der Schäferhund. »Wie muß man sich das denn vorstellen«, fragt der Richter, der vorhin »42« gerufen hat. »Sie sind dem Hund dann also gegenübergesessen und haben ihn angeschaut?« - »Ja, so.«

Der dörfliche Bordellbetrieb mit deutschem Schäferhund endete im Juli 1988. Da wurde Hans B. in Untersuchungshaft genommen, nachdem Nachbarn seiner Hamburger Zweitwohnung anonym bei der Kriminalpolizei angerufen hatten: Er schlage seine philippinische Frau Melanie und zwinge sie zur Prostitution. Als die Kriminalbeamten ihre Ermittlungen begannen, wollte Melanie B., die geborene Rosas, zunächst nichts sagen. Erst, als man ihr Zeugenschutz einschließlich verdeckter Unterkunft und neuem Namen angeboten hatte, erzählte sie alles. Wie sie schon in Manila in einem »Club« gearbeitet hatte und dann, seit Januar 1987, von Hans B. zur Prostitution in Moorrege gezwungen wurde, auch noch während ihrer Schwangerschaft, auch noch nach der Geburt ihrer Tochter im Juli 1987. Zur Polizei ist sie nicht gegangen, »weil ich zuviel Angst hatte vor ihm«, aber einmal hat sie Nachbarn der Hamburger Wohnung alles erzählt.

Melanie, inzwischen von Hans B. geschieden,

bereitet der Dolmetscherin, die wieder in dem bequemen Sessel Platz genommen hat, Probleme mit ihrer englischen Aussprache. »Das ist ein ganz anderer Akzent als bei meinen Afrikanern«, sagt diese. Doch verstehen alle gleich, als Melanie unter Weinkrämpfen die Szenen schildert, bei denen Hans B. sie mit dem Messer bedrohte, mit der Hand, Schlüsseln oder einem Stück Holz schlug und drohte: »Ich schlage dich, bis du tot bist.«

Hans B. ist erst am letzten, dem fünften Verhandlungstag, unmittelbar vor den Plädoyers, bereit, ein Teilgeständnis abzulegen. Es »stand finanzieller Druck dahinter«, er habe »für die Zukunft geplant, auch für das Kind ... Es stand sicher das Geld im Mittelpunkt, das ist nicht zu deuten ... Sicherlich ist auch mal die Hand ausgerutscht, das geb ich zu ... Aber im Inneren meines Herzens wollte ich nicht, daß meine Frau das macht«. Und zu Rosalyn dos Santos habe er »vier- oder fünfmal gesagt: ›Bitte, geh zu deinem Mann zurück‹«.

Der Staatsanwalt beklagt die »Gewalt in ganz erheblichem Maße«, die »schamlose Weise«, in der die beiden Frauen ausgenutzt wurden, und fordert eine Freiheitsstrafe von vier Jahren. Die Anwältin, die die einstige Ehefrau Melanie vertritt, spricht von »einem Provinzzuhälter von einigem Kaliber, der eine Menschenverachtung und sittliche Verrohung gezeigt hat, die weit über das übliche hinausgehen«.

Der Verteidiger des Angeklagten findet, das halte sich im Rahmen, verglichen etwa mit Zuhältermethoden im Milieu von St. Pauli; denn Hans

B. habe ja »den Geschädigten einen gewissen Freiraum gelassen«. Das Gericht verurteilt wegen Zuhälterei, Menschenhandel, gefährlicher Körperverletzung, Nötigung zu drei Jahren Haft.

Im Zuschauerraum sitzen bis zur letzten Minute, gleich nachdem sie ihre Zeugenaussagen gemacht haben, die beiden ersten Ehemänner von Rosalyn dos Santos. Erwin dos Santos muß nun selbst mit einem staatsanwaltschaftlichen Ermittlungsverfahren rechnen, möglicherweise hat er sich der Beihilfe zur Zuhälterei schuldig gemacht. Alfred H. quälen andere Sorgen. Nachdem das »Hamburger Abendblatt«, aus dem er immer die Thai-Teufel-Anzeigen herausgeschnitten hatte, über seine Aussage vor Gericht berichtete, ist er gleich von zwei Kollegen darauf angesprochen worden, daß er von der Asiatin wohl schon wieder geschieden sei. Im Großraumbüro wußte man noch gar nichts davon. Alfred H. ist empört.

Klaus Pokatzky

Alle Namen in diesem Bericht wurden geändert.

Asiatinnen auf Abzahlung

Das Foto hatte einen ansehnlichen Jüngling gezeigt – »aber wie ich am Frankfurter Flughafen ankomme, steht da ein alter Mann«, erzählt Lianor. Die 30jährige Filipina war über eine Agentur nach Deutschland vermittelt worden. Der junge Mann auf dem Foto, so hatte ihr der Makler nach Manila geschrieben, wolle Lianor heiraten. Und dann holte sie dieser Alte vom Flughafen ab und nahm sie mit. »Wir fahren zu ihm nach Hause. Er nimmt die Perücke ab und die falschen Zähne raus. Ich denk, ich sterbe«, sagt Lianor rückblikkend. Sie blieb trotzdem. Zurück auf die Philippinen konnte sie nicht – »da hätte ich das Gesicht verloren«. Eine andere Filipina verschaffte Lianor schließlich einen Mann, der nach seiner Scheidung eine neue Ehefrau suchte. Wie sie jetzt zurechtkommt, ist von ihr nicht zu erfahren.

Immer mehr Bundesbürger suchen sich eine Ehefrau aus dem Ausland, und immer mehr Heiratsvermittler haben sich auf diesen Markt spezialisiert. »Philippininnen« springt im Fettdruck auf den Anzeigenseiten deutscher Tageszeitungen ins Auge, »hübsch, zärtl., treu, häuslich, seriös, möchten heiraten. Kosten nur bei Erfolg. Diskrete Info. m. Originalfotos anfordern ...«. Seit zwei Jahrzehnten gibt es solche Angebote, heute locken jeden Monat mehr als 300 solcher Annoncen deutsche Männer mit asiatischer Anmut (und Demut).

Der Journalist Heinz G. Schmidt machte Mitte der achtziger Jahre über 100 Agenturen aus (hinter denen rund 60 echte Händler steckten), die »Exotinnen« an den Mann bringen wollten. Heute dürften es eher noch mehr geworden sein. Im Angebot ist alles: Frauen aus Brasilien und Peru, Nigeria und Benin, Thailand und den Philippinen.

Der Markt mit den Frauen aus der Armen Welt boomt. Viele möchten da die schnelle Mark machen, nicht immer sehr seriös. Heiratsagenturen sind ein schnellebiges Geschäft. Manche lassen sich nur telefonisch (»werktags 18 bis 20 Uhr«) oder über ein Postfach erreichen. Einige wenige Händler wurden von Gerichten verurteilt. Viele verschwinden nach kurzer Zeit in der Versenkung. Von zwei Dutzend Agenturen, die 1986 in der Branche aktiv waren und 1990 wieder angeschrieben wurden, antworteten gerade noch eine Handvoll; ebenso viele Briefe kamen wieder zurück: »Empfänger unbekannt verzogen«.

Waldemar Watzko aus Gründlingen in Südbaden ist einer von denen, die den Frauenhandel mittlerweile aufgegeben haben. Er hatte gehofft, mit seiner »Tropical-Partnervermittlung« schnell reich zu werden. Einsamen Bundesbürgern empfahl er eine Brasilianerin: Sie »ist auf die Welt gekommen, um für die Zweisamkeit zu leben und für einen liebenswerten Mann immer da zu sein. Das sind die Worte der Damen unserer Kartei«. Wer Interesse zeigte, erhielt eine Serie durchnumerierter Portraitfotos aus dieser Kartei, mit Vornamen, Alter und Berufsangabe.

Nicht nur Männer ließen sich von Watzko informieren. Als die Frauenrechtsgruppe *terre des*

> Und die brandaktuelle Ergänzung:
> DER PHILIPPININNEN-REPORT
> Vermittlungsagenturen verdienen sich dumm und dämlich mit heiratswilligen Mädchen und Frauen von den Philippinen. Egal, ob Sie auf der Erfolgswelle mitschwimmen wollen oder sich nur Ihren eigenen Südseetraum ins Haus holen möchten - diese Dokumentation weist Ihnen den Weg und offenbart detailliert alle Geheimnisse dieses florierenden Geschäfts. (DM 70,-)
>
> *aus: Werbeprospekt der Herzog-Handelsgesellschaft, 1988*

femmes nach Lektüre seiner Angebote in Watzkos Heimatdorf Flugblätter verteilte, die über seinen Nebenerwerb informierten und ihn »Frauenhändler« schimpften, war es um seinen Ruf geschehen. Watzko klagte wegen Beleidigung - aber auch der Richter befand im Sommer 1990, daß der Gründlinger die Brasilianerinnen wie eine Ware angeboten habe, er sich also nicht beschweren könne.

Viele Händler melden ihr Gewerbe bei den Behörden noch nicht einmal an: Frauen als Schwarzmarkt-Ware. Als das Bayerische Landeskriminalamt Ende 1987 ein Vermittlungsbüro im Raum München etwas genauer unter die Lupe nahm, flogen gleich neun weitere auf: Der festgenommene Makler mochte nicht einsehen, daß seine ähnlich arbeitenden Konkurrenten ungeschoren davonkamen. Jedes dieser Institute hatte seine hier angebotenen Asiatinnen zumeist illegal in die Bundesrepublik eingeschleust und dann für jeweils 10 000 Mark an den Mann gebracht.

Die »rassige Philippinin, 21/1,65 Meter«, die in den Annoncen offeriert wurde, war in der Regel über den Frankfurter Flughafen mit einem drei Monate gültigen Touristenvisum nach München gekommen. Dort wurde sie den Heiratswilligen vorgestellt, die sie mit nach Hause nehmen und dort »ausprobieren« konnten. Die Möglichkeit zum Umtausch war von den Maklern garantiert, und oft genug machten die Kunden Gebrauch davon. Als einem 39jährigen Mann eine 27jährige Thailänderin vermittelt wurde, war sie schwanger – das Institut hatte sie zuvor bereits einem 27jährigen, einem 76jährigen und einem 85jährigen zur Begutachtung zur Verfügung gestellt, die sie alle für »unzulänglich« befunden hatten.

Die meisten Frauen waren in ihrer Heimat von einem thailändischen Ehepaar angeworben worden, das ihnen eine goldene Zukunft ausgemalt hatte. Um die 2 500 Mark für das Flugticket aufzubringen, mußten sich viele verschulden. Das Geld werde vom künftigen Ehemann schon zurückgezahlt werden, machten die Werber den Frauen weis. Als die Firmen aufflogen, mußten die Thailänderinnen zurück – und gegen die Vermittler konnte juristisch noch nicht einmal wegen Menschenhandels ermittelt werden (vgl. S. 107), sondern nur wegen Verstoßes gegen das Ausländergesetz (Beihilfe zur illegalen Einreise).

Das geringe juristische Risiko und die großen Verdienstspannen reizen immer wieder neue Leute, ins Vermittlergeschäft einzusteigen. Die Nachfrage ist da. Nach Angaben der nordrhein-

BGH setzt Grenzen für Heiratsvermittlung

Karlsruhe (dpa) - Die illegale Einschleusung ausländischer Frauen zwecks Heiratsvermittlung ist strafbar. Nach einem Urteil des Bundesgerichtshofes (BGH) handelt es sich dabei um einen Verstoß gegen das Ausländergesetz, der mit Freiheitsstrafe bis zu drei Jahren geahndet werden kann. Damit wurde ein Urteil des Landgerichts Bayreuth bestätigt. Der Angeklagte hatte zusammen mit seiner philippinischen Ehefrau, deren auf den Philippinen lebenden Angehörigen und einer dort tätigen Mitarbeiterin ein »regelrechtes System« zur Anwerbung heiratswilliger Frauen errichtet. Bei ihrer illegalen Einreise war der Heiratsvermittler den Philippininnen mit gefälschten Schriftstücken und teilweise auch mit Geld behilflich. (Aktenzeichen: 1StR 631/88)

aus: Süddeutsche Zeitung, 11. 4. 1989

westfälischen Frauenministerin Ridder-Melchers von Ende 1990 sind seit Mitte der achtziger Jahre mindestens 12000 Asiatinnen an deutsche Männer vermittelt worden; das Fraueninformationszentrum in Stuttgart schätzt, daß die 60 ständig aktiven Heiratshändler in der Bundesrepublik auf einen Umsatz von rund 40 Millionen Mark im Jahr kommen.

Viele haben die Ehevermittlung mit einem Reisebüro kombiniert - schließlich muß die Braut ja eingeflogen werden. Einige Agenturen vermitteln nur den Briefkontakt und stellen dafür einige Hunderter in Rechnung; wer sich eine heiratswillige Ausländerin vorstellen lassen will, muß Kosten von mehr als tausend Mark berappen; eine Asiatin, »frei Haus« geliefert, schlägt mit mindestens 5 000 Mark zu Buch, und ein Komplett-Service-Angebot inklusive Reise nach Asien und dortiger Heirat kostet mehr als das Doppelte - Ratenzahlung möglich.

Hans-Jürgen Weber und Maria Wisetklin, Inhaber der Hamburger K+H-Agentur für internationale Partnervermittlung, die nur über Postfach zu erreichen ist, bieten zwei Wege an: eine »günstige Möglichkeit mit viel Eigeninitiative« und die »Komplettvermittlung«. Für die Vermittlung der Adresse einer heiratswilligen Thailänderin kassieren sie 500 Mark; für 13 500 Mark wird die ausgewählte Thailänderin auch eingeflogen - allerdings nur, wenn der Kunde bis dahin zwei Drittel der Gebühr überwiesen hat.

Alteingesessene Agenturen wie die des Branchenriesen Hans-Günter Menger (vgl. S. 67) handeln mit offenem Visier und kompletter Adressenangabe. Mengers Büro in Darmstadt hat Telefon und Telex, der Kundenkontakt wird wegen der vielen Anfragen schon lange per Schreibautomat erledigt, mit den Liebesbriefen fremdsprachenschwacher Kunden beschäftigen sich mehrere Übersetzer. Menger selbst sieht sich als »Herz-König der internationalen Vermittlung«, der immer ein paar Asse im Ärmel hat und nie mogelt: »Die ›Geld-zurück-Garantie‹ ist der höchste Trumpf!« Medien-Auftritte nutzt der hessische Biedermann zur Eigenwerbung; sein Anwalt droht jedem mit Klagen, der Menger einen Menschenhändler nennt, und auf die Notwendigkeit einer pünktlichen Steuerzahlung weist der Geschäftsmann jeden hin, der in einem regional begrenzten Gebiet Menger-Agent werden will (Vermittlungs-Preis für eine Ehefrau: »nur DM 4 980,- zuzüglich 14 % MwSt.«).

Menger ist unfreiwilliger Geburtshelfer mancher Agentur: Wie Ingo Engbert in Ahlen und Gerd Schweikhard aus Ingelheim ließen sich mehrere seiner Kunden von ihm nicht nur die Frau, sondern auch eine Geschäftsidee liefern und machten eine eigene Ehe-Vermittlung auf. Heute vergibt Menger Lizenzen: Gegen knapp 300 Mark im Monat erhalten Vermittler von ihm das Recht, in einem genau abgegrenzten Gebiet seine Ware anzubieten. 130 Lizenznehmer soll der Darmstädter insgesamt haben - gut 40 000 Mark Extra-Einnahmen im Monat für den Heiratsmakler.

Menger selbst allerdings wurde 1989 vorerst aus dem Verkehr gezogen. Einbrecher hatten den Tresor in seinem Büro geknackt und 160 000 Mark Bargeld gestohlen. Die Behörden wollten wissen, woher das Geld stammte - und errechneten schließlich, daß Menger von 1976 bis 1984 insgesamt 2,03 Millionen Mark Steuern hinterzogen hatte. Der Makler gestand, eine Große Strafkammer des Darmstädter Landgerichts verurteilte ihn im Januar 1989 zu dreieinhalb Jahren Gefängnis.

Jetzt sitzt Hans-Günter Menger - und stand im Juli 1990 in einem neuen Verfahren vor Gericht. Er war dringend verdächtig, zwei von ihm vermittelte Thailänderinnen vergewaltigt zu haben. Beide hatten Probleme mit ihren deutschen Ehemännern, beide suchten bei Menger Rat. Beide wurden von ihm - so ihre Aussagen vor den Darmstädter Richtern - sexuell genötigt und vergewaltigt. Menger räumte ein, mit beiden Frauen Geschlechtsverkehr gehabt zu haben; Gewalt aber habe er nicht angewendet. Eigentlich könne man Thailänderinnen überhaupt nicht vergewaltigen: »Die tun es immer - entweder aus Liebe oder für Geld.«

Der Richter sah das anders. Nach fünfmonatiger Prozeßdauer wurde der Heiratshändler im Januar 1991 wegen Vergewaltigung und Steuerhinterziehung zu insgesamt zehn Jahren Haft verurteilt; »mit ungeheurer Menschenverachtung« habe Menger, so die Urteilsbegründung, »ein armes, hilfloses Wesen schamlos ausgenutzt«. Für den Fall einer Verurteilung hatten die Verteidiger bereits die Einholung eines psychiatrischen Gutachtens beantragt: Der Angeklagte sei extrem narzistisch veranlagt, leide unter einem krankhaften Don-Juan-Syndrom und nehme Widerstand einer Sexualpartnerin daher nicht wahr.

Juristisch sind ausländische Ehefrauen nach dem Gang zum Standesamt noch lange von ihrem Don Juan abhängig. In der Regel erhalten sie nach ihrer Heirat mit einem Deutschen eine höchstens dreijährige Aufenthaltserlaubnis; ein eigenständiges Recht wird der Frau nicht zugestanden. Wird die Ehe vor Ablauf von fünf Jahren geschieden oder stirbt der Mann in dieser Zeit, muß die Frau in der Regel zurück in ihre Heimat. Selbst nach Erteilung einer Aufenthaltsberechtigung nach fünfjähriger Ehe können die Behörden diese, etwa bei einer Scheidung, widerrufen.

Hans Schlegel von »Asia-Contact«, einer von Mengers Konkurrenten, ist seit 1982 mit einer Filipina verheiratet. Er hat ständig einige Frauen bei

sportl., gesich. Posit.; VR 6124 HA
Thai-Airlines Stewardess, bildhübsch, s. gut situiert. Mann f. Ehe bis 60, SaS-Agentur, POB 1302, 2732 Sittensen, 04282/53 77 ab Mo. auch Adressvers. v. Thailänderinnen 5 Stck. 298,- per NN.
Jg. Frau, 33 J., sportl., 2 Kinder, m. „eig. Boot", möchte aber nicht mehr allein

Heiratsvermittlung

nur für deutsche Männer
bis zum Standesamt
auch für Ältere

Frauen aus Asien,
Südamerika und Europa

Fordern sie Unterlagen bei:
Asia-Kontakt
Postfach 1167
7100 Heilbronn

Orig. Bild

Einsam?
Junge, hübsche Damen von den Philippinen, aus Polen, Südamerika u. aller Welt möchten Sie glücklich machen. Fordern Sie noch heute **kostenlose** Bildunterlagen an. Sofortvermittlung Ihrer Wunschpartnerin durch **IPC-Vermittlung, Pf. 3025, 29 Oldb., T. 0441/47656.**

Ausländische Damen sexy – rassig bis extrem vollbusig vermittelt Ihnen für 390,- DM bis zum Erfolg, Inst. Partnerschaft, 04482/15 91
Mit Zeit und Glück zu zweit ohne wenn

Anzeigen aus dem »Hamburger Abendblatt«, der »Frankfurter Allgemeinen« und der »Rhein-Neckar-Zeitung«

sich zu Hause in Weinsberg »auf Lager« (im Oktober 1990 waren es laut Schlegel-Brief »vier heiratswillige Damen im Alter von 22 bis 30 Jahren«), so daß eilige Interessenten »bei Ihren Besuch in meinen Hause Ihre Traumfrau bereits kennenlernen können und bei gegenseitige Symphatie gleich mit nach Hause nehmen können«. Schlegel ist Optimist: »In den meisten Fällen ist Ihre Traumfrau dabei.« Seine mangelhafte Grammatik tut dem Geschäftserfolg offenbar keinen Abbruch – Schlegel makelt seit zehn Jahren Frauen. »Pilippinas sind unserer Mendalität durch die 300 Jahre lange spanische Kolonialzeit sehr nahe«, schreibt er potentiellen Kunden und sucht im Nachsatz gleichzeitig zu entsorgen: »Trotzdem sind sie keine Emanzen.« Patriarchen können beruhigt ordern: »Die Damen sind liebenswert, offenherzig, sanftmüdig, weiblich, anschmiegsam, zärtlich und als Ehefrau absolut treu.«

Mehr als die Bestätigung unserer Klischees über die sanfte, anpassungsfähige Asiatin erfahren Kunden der Vermittler kaum über die Frauen, die ihnen angedient werden sollen; die Gründe, weshalb sie einen Deutschen heiraten wollen, bleiben unerwähnt. Daß die Frauen vor allem von der Armut in die Arme europäischer Männer getrieben werden und sich hier Unterstützung für ihre Familie erhoffen, schließt Hans-Günter Menger im Gespräch sogar aus (vgl. S. 67).

Die »Philippine Migration Review« in Manila, die sich vor allem mit Auswanderungsproblemen beschäftigt, stellt dagegen eindeutig fest, daß die meisten Eheanwärterinnen aus beengten sozialen Verhältnissen stammen und vor allem in die zehn wirtschaftlichen Spitzenländer des Westens streben.

Asiatinnen sind auf dem Heiratsmarkt weltweit zur Handelsware geworden. Der »Amerikanisch-Asiatische Weltweite Dienst« vermittelt Frauen aus Thailand, Malaysia und den Philippinen zur Heirat in die USA, hat in gut einem halben Jahrzehnt über 3 500 Ehen gestiftet und erwirtschaftet mittlerweile jedes Jahr einen Gewinn von mehr als einer halben Million Dollar. Die amerikanischen Kunden des Dienstes, so eine Untersuchung der chinesischen Soziologin Feelie Lee von der Universität Los Angeles, hätten Angst davor, eine Amerikanerin zu heiraten: »Diese Männer suchen eine traditionelle, unterwürfige Ehefrau, die ihren Platz kennt.«

Die Kunden-Motivationen dürften anderswo ähnlich sein. Wie die Ehefrauen mit dieser Rollenerwartung fertig werden, ist weitgehend unbekannt. Nur für Australien liegen Ergebnisse einer Regierungsstudie vor. Die Hoffnung auf wirtschaftliche Sicherheit und die Möglichkeit, die eigene Familie mit Geld unterstützen zu können, waren demnach für die Filipinas die wichtigsten Motive, einen australischen Mann zu heiraten. Etwa die Hälfte der Frauen gab an, in ihrer Ehe unglücklich zu sein; vier von fünf sprachen von Eheproblemen, ein Drittel der Befragten hatte keinerlei sozialen Kontakt mit der Außenwelt – ein besonders großer Kulturschock für die familienbewußte Filipina.

»Ich durfte nie allein das Haus verlassen«, schreibt Maribell rückblickend in ihrem Erfahrungsbericht. Die 22jährige Filipina war mit einem 58jährigen Deutschen verheiratet. »Ich wurde zum Spielzeug für seine Freunde«, sagt Solita, 31 Jahre alt und Braut auf Probe eines 62jährigen Frankfurters. Diese und ähnliche Berichte sorgten auf den Philippinen für Schlagzeilen. Nur die deutsche Botschaft in Manila hielt das »ganze Gerede« über den modernen Sklavenhandel für »leicht übertrieben«. Nach Jahren öffentlicher Diskussion ist die Heiratsvermittlung ins Ausland auf den Philippinen jetzt verboten: Präsidentin Aquino unterzeichnete im Juni 1990 ein Gesetz, nach dem in den Zeitungen Heiratsanzeigen von Ausländern nicht mehr erscheinen dürfen; Clubs und Vereine zur Kontaktvermittlung müssen schließen. Verstöße gegen dieses Gesetz sollen mit Haftstrafen zwischen sechs und acht Jahren geahndet werden.

Wenn es mit rechten Dingen zugeht, hat es damit auch Walter Pünder künftig etwas schwerer. 1988 noch hatte »Pünder's Partner-Service« (PPS) in Mechernich bei Bonn nach eigenen Aussagen mehr als 3 000 Damen in seiner Kartei. Es waren die von Hans-Günter Menger: Menger hatte Pünder eine Frau besorgt, und dann wurde der frischgebackene Ehemann sein Partner. Er ließ sich vom Darmstädter eine Lizenz geben und gründete die eigene Makler-Firma. Nebenamtlich noch Geschäftsführer des Verkehrsvereins, leitete Pünder im Hauptberuf die Tiefbauabteilung im Bauverwaltungs- und -planungsamt von Mechernich. Verkaufsgespräche in Sachen PPS führte der Rheinländer selbst in seiner Amtsstube. Da waren Ausländerinnen sogar in einem deutschen Rathaus zu haben – per Katalog und mit Rückgaberecht.

Maklergebühr trotz Heiratsweigerung

Koblenz (dpa) - Die Vermittlung heiratswilliger Philippininnen ist kein strafbarer Menschenhandel. Ein entsprechender Vermittlungsvertrag ist daher nicht sittenwidrig, so daß dem Makler grundsätzlich auch die Vermittlungsgebühr zusteht. Das hat das Koblenzer Oberlandesgericht (OLG) in einem Urteil in zweiter Instanz entschieden.

Anlaß für den Richterspruch war die Klage eines 33jährigen Landwirts. Dieser hatte mit einem auf die Vermittlung philippinischer Ehepartnerinnen spezialisierten Institut einen »Dienstleistungsvertrag« abgeschlossen. In dem Vertrag verpflichtete sich das Institut, zwischen namentlich genannten Philippininnen und dem Landwirt ein »Zusammentreffen« zu ermöglichen. Als Bearbeitungsgebühr wurden 5 700 Mark vereinbart. Der 33jährige lernte schließlich eine Philippinin kennen, zahlte einschließlich zusätzlicher Kosten 8 980 Mark und nahm die Frau bei sich auf. Diese verließ ihn allerdings schon zwei Wochen später wieder, weil sie ihn doch nicht heiraten wollte. Daraufhin forderte der Mann unter anderem wegen Nichtigkeit des Vertrages die 8 980 Mark zurück. Als das Institut die Rückzahlung verweigerte, erhob der Landwirt Klage.

Das Oberlandesgericht urteilte nun, der Kläger habe keinen Anspruch auf Rückzahlung der Maklergebühr. Beide Parteien hätten keinen typischen Ehemaklervertrag abgeschlossen, sondern nur einen sogenannten Eheanbahnungs-Dienstvertrag. Das Institut habe sich lediglich verpflichtet, argumentierte das Gericht, ein Zusammentreffen zu ermöglichen und die schriftliche Ehebereitschaftszusage einer Philippinin beizubringen. Beides habe der Makler getan.

Die ihm vom Institut in Rechnung gestellten Flug- und Nebenkosten für die Frau in Höhe von rund 3 400 Mark durfte der Mann jedoch zurückverlangen. Sie waren dem Makler bereits von einem früheren Interessenten gezahlt worden, den die Frau allerdings auch nicht hatte heiraten wollen. Eine doppelte Unkostenerstattung, entschied das Gericht, stehe dem Institut nicht zu. (Aktenzeichen 3 U 17/88)

Süddeutsche Zeitung, 10. 1. 1990

»Der deutsche Mann – in der Welt Nummer 1«

Frage: Herr Menger, Sie sind einer der Großen in der deutschen Heiratsagentur-Branche. Früher handelten Sie mit Orchideen, heute bieten Sie deutschen Männern ausländische Ehefrauen an. Wie kam es dazu?

Hans-Günter Menger: Nun ja, wie ist das entstanden? Sie sagten schon richtig, daß ich früher mit Orchideen zu tun hatte, kam dadurch nach Südostasien, habe dort meine Frau kennengelernt und kam dann nach Deutschland, wurde von Freunden gefragt, wie kommst du da ran, und so fing das an, ganz unkommerziell zunächst.

Und heute?

Ja, heute sind wir international tätig, in etwa 30 Ländern, und haben männliche Kunden in ganz Europa. Der Ablauf: Der Kunde (oder die Kundin) meldet sich bei uns, wir führen ein Gespräch, finden heraus, welcher Partner in Frage kommt, und dann beginnt eine Korrespondenz. Zunächst die Vorstellungskorrespondenz, dann intensive Korrespondenz zwischen den Partnern, und dann entscheiden sie sich, wo geheiratet wird, im Ausland oder im Inland.

Wir waren die ersten, wir haben viele Nachahmer, zwischenzeitlich, aber wir sind meines Wissens das einzige Unternehmen dieser Art, das seinen Kunden eine Absicherung gibt bis zur standesamtlichen Heirat, das heißt also eine volle

Garantie - oder der Kunde bekommt sein Geld zurück. Und das macht halt eben auch unseren Bekanntheitsgrad aus.

Herr Menger, wenn bei Ihnen Ihr Kunde sich eine Ehefrau kauft, dann...

Sehen Sie, schon wenn Sie diesen Slogan »gekauft« benutzen, das zeigt mir schon die Tendenz - wir verkaufen ja keine..., da bin ich immer wieder ganz böse, wenn ich so etwas höre. Wie können Sie sich anmaßen zu sagen, wir verkaufen Frauen? Es ist doch kein Auto, doch kein Stück Holz. Wir vermitteln, stellen die Kontakte her und helfen den Leuten bei der Abwicklung - aber das hat mit kaufen nichts zu tun.

Warum ist diese »Vermittlung« asiatischer Frauen Ihrer Meinung nach so attraktiv für den deutschen Mann?

Na ja, der deutsche Mann hat eigentlich die Nase voll von diesen überemanzipierten Europäerinnen, und wer viel reist, der lernt auch die andere Mentalität kennen. Die Asiatin hat halt noch das, was der deutsche Mann sucht, der mal 'ne gescheiterte Ehe hinter sich hat mit 'ner deutschen Frau.

Wie sieht denn so Ihr durchschnittlicher männlicher Kunde aus?

Es gibt keine »normalen« Kunden - es gibt vom Arbeiter über den Angestellten bis hin in Unternehmerkreise bei uns alles; wir haben Professoren, Ärzte, einen Richter - das geht quer durch die ganze Bevölkerungsschicht. Komischerweise steht der Lehrerberuf bei uns in der Statistik an erster Stelle; ich weiß nicht, wieso, aber er kommt noch vor dem Schreiner, vor dem Maurer. Sie können davon ausgehen, daß wir täglich eine Vermittlung haben, also rund 300 im Jahr. Dazu kommen dann noch die Pen-Pal-Vermittlungen, wo wir nur die Kontakte herstellen und die Partner dann selbst korrespondieren und festlegen, wer wann wohin kommt. Die rechne ich jetzt gar nicht mit.

Mittlerweile haben Sie eine Menge Konkurrenz bekommen. Einige Ihrer ehemaligen Kunden haben hier selbst eine Agentur aufgemacht. Karl Schupfer vermittelt von Manila aus ...

Also, es gibt da Kunden, Schupfer-Kunden - ich möchte mich in der Öffentlichkeit nicht dazu äußern, ich nenne nur das Stichwort »Dobbernas«. Wenn der Schupfer das hört, wird er rot, und alle andern wissen, was ich meine. Es gibt Leute, die sind drei-, viermal nach den Philippinen geflogen und haben dort festgestellt, daß also die Damen, die dort angeboten wurden, schon mit zehn, zwölf Leuten korrespondiert hatten, die schon Flugscheine vorliegen hatten. Wissen Sie, das ist dermaßen unseriös, daß ich darüber kein weiteres Wort verlieren möchte. Wer sich bei uns eine Partnerin aussucht, der kann sicher sein, daß wir die nicht ein zweitesmal an andere Herren vorstellen. Die ist bei uns gesperrt.

Wie kommen Sie an Ihre ausländischen Frauen, die Sie vermitteln?

Das, was wir an Mädchen haben, sind ausschließlich Damen, das sind Freundinnen, Schulkameradinnen, Arbeitskolleginnen von Damen, die wir schon vermittelt haben, und die dann, wenn sie in Deutschland sind, mit zuhause korrespondieren, auch der Freundin einen Brief schreiben - und so kommen wir an die wirklich guten

Frauen heran. Alles andere ist meines Erachtens ein bißchen halbseiden. Es gibt kein Inserat, das Sie mir vorlegen könnten, daß wir im Ausland Mädchen suchen. Wir inserieren beispielsweise nicht auf den Philippinen, wie Schupfer und die Leute das tun. Das brauchen wir nicht. Wir haben ständig etwa 5 000 Mädchen, von denen etwa zwölf- bis fünfzehnhundert ständig in der Auswahl sind, und zwar sind nur die in der Auswahl, die laufend mit uns korrespondieren, das heißt, die also noch an einer Vermittlung interessiert sind. Wir haben keine Karteileichen.

Und warum sucht sich nun die Asiatin ausgerechnet einen deutschen Mann aus?

Der deutsche Mann ist in der Welt Nummer 1, das habe ich also wiederholt in den Medien gesagt. Der deutsche Mann - das kann man aus der Korrespondenz immer wieder herauslesen - ist das Idealbild, das eine Frau sich überhaupt von einem Mann machen kann. Der deutsche Mann ist zärtlich, er ist arbeitsam, strebsam, der ist besorgt um seine Familie - all diese Kriterien haben ein Mann-Bild geformt, nach dem diese Mädchen sich sehnen. Auch der Wirtschaftswunder-Mann, ganz klar - aber mehr zählt noch, daß die Familie im Vordergrund steht.

Aber suchen nicht viele Frauen wirtschaftliche Sicherheit, und schicken sie dann nicht auch Geld nach Hause?

Das lehnen wir ab. Danach werde ich auch immer wieder von meinen Kunden gefragt: »Muß ich die Familie unterstützen?« So etwas geistert seit Jahren herum. Das ist überhaupt nicht der Fall. Die Familie versorgen, im Monat mit drei-, vier-, fünfhundert Mark: Das lehnen wir ab, solche Mädchen nehmen wir gar nicht.

Es gibt immer wieder Geschichten, nach denen Zuhälter ihren Nachschub über Ehe-Agenturen organisieren.

Gut, daß Sie das ansprechen. Jeder Normaldenkende wird sofort verstehen: Der Zuhälter in Frankfurt oder Hamburg braucht ja einen Profi. Der kommt nicht in ein Eheinstitut, der braucht ja eine, die für ihn Geld verdient. Also fliegt er nach Thailand oder auf die Philippinen oder sonstwohin und sucht sich gezielt aus den Massagesalons das aus, was er haben will. Das hat mit uns überhaupt nichts zu tun, im Gegenteil. Wir haben vertraglich abgesichert: Wenn wir irgend etwas in dieser Richtung erfahren - das muß der Kunde unterschreiben -, dann können wir sofort über einen Anwalt gegen ihn vorgehen. Das ist das Übelste, was man mir nachsagen könnte, denn das würde unseren guten Ruf im Ausland ruinieren, bei den Mädchen, die sehr viel Angst haben - das hören wir immer wieder -, in Deutschland verkauft zu werden. Das ist also unter unserem Niveau.

Das Interview führte Ekkehard Launer am 26. 8. 1986

»Ich habe hier kein bißchen Freiheit«

Nennen wir sie Thea. Thea ist Filipina. Seit drei Jahren lebt sie in der Bundesrepublik. Sie war 24, als sie über eine private Vermittlung ihren jetzigen Ehemann, einen 47jährigen Tischler, kennenlernte. Nachdem die beiden sich anfangs kaum verständigen konnten, spricht Thea heute sehr gut Deutsch. Seit etwa einem Jahr arbeitet sie einmal in der Woche in einer Beratungsstelle für südostasiatische Frauen mit – für sie die einzige Möglichkeit, sich mit anderen Frauen auszusprechen. Im Augenblick ist es ihre einjährige Tochter, die sie davon abhält, sich von ihrem Mann zu trennen: Nach einer Scheidung müßte Thea auf die Philippinen zurückkehren; ihre Tochter, die die deutsche Staatsangehörigkeit hat, bliebe hier.

Frage: Wie bist du auf die Idee gekommen, in die Bundesrepublik zu gehen?

Thea: Fast alle Frauen haben bei uns den Wunsch, ins Ausland zu gehen. Ich habe als Haushälterin in Manila gearbeitet. Ich hatte zwar eine Ausbildung abgeschlossen, aber bei uns kriegt man keine Arbeit. Es gibt dort keine Zukunft als Frau. Ich habe davon geträumt, woanders arbeiten zu gehen oder eben zu heiraten.

Wie ist denn bei dir die Vermittlung gelaufen?

Ich habe von einer Freundin und einer Bekannten gehört, die auch mit Deutschen verheiratet sind. Und beide hatten sie ihre Männer über private Vermittlung kennengelernt. Meine Bekannte hat den Kontakt arrangiert. Ich habe dann einen Vertrag unterschreiben müssen.

Vorher wurde ein Video von mir gemacht - von dem Vermittler in Deutschland. Er hat mir gesagt, daß ich einen Badeanzug anziehen müsse, um ein wenig Schönheit zu zeigen. Ich habe mich geweigert, aber bei den anderen Frauen ist das so gemacht worden.

Was hast du von der Heirat erwartet?

Ich habe gedacht, daß ich hier in Deutschland ein bißchen arbeiten kann, um meine Familie zu unterstützen. Aber das ist nicht passiert. Deutsche Männer verstehen nicht, daß bei uns die Kinder für unsere Familien verantwortlich sind. Als Haushälterin in Manila habe ich nicht genug verdient, um die Familie zu unterstützen. Ich habe sechs Schwestern und einen Bruder. Meine älteren Geschwister sind verheiratet, aber die sind auch zu arm. Meine Eltern haben Rente als Lehrer, aber nur ganz wenig. Etwa 20 Mark - das ist nicht genug.

Wie hast du deinen Mann kennengelernt?

Es ging dann ganz schnell. Ich habe schon nach einer Woche Antwort bekommen, daß mein zukünftiger Mann mich auf den Philippinen besuchen werde. Er ist dann für eine Woche dagewesen. Ich konnte aber kein Deutsch, und mein Mann kann kein Englisch. Und die Übersetzung bei uns ist nicht richtig. Mein Mann hat drei Kinder, und er hat gesagt: »Ein Kind ist bei uns.« Übersetzt wurde aber: »Das Kind ist nicht zu Hause.« Ich weiß das genau. Und als ich nach

Deutschland kam, war der Sohn da, und ich war aufgebracht, denn das habe ich nicht gewußt.

Wie ist es dir dann hier ergangen?

Ich habe mich mit meinem Mann überhaupt nicht verstanden. Ich habe der Vermittlung gesagt, daß ich nach Hause will. Die haben gesagt: »Ja, wenn du zurück möchtest, dann mußt du das Flugticket bezahlen.« Das kann ich nicht. Ich habe kein Geld, deshalb mußte ich heiraten. Weil mir aber Papiere fehlten, war ich schon fünf Monate hier und im dritten Monat schwanger, als wir schließlich Ende 1985 heirateten.

Vorher bin ich allerdings von meinem Mann einmal weggelaufen. Er wollte, daß ich einen Vertrag mit Gütertrennung unterschreibe. Ich hatte Angst davor, weil ich nicht wußte, was das heißt. Da habe ich mich drei Wochen bei einer Freundin versteckt. Ich dachte früher, daß ich hier in Deutschland bleiben könnte, auch wenn ich keinen Mann heirate. Aber das geht nicht, und da habe ich mich entschlossen, noch einmal zu meinem Mann zurückzukehren.

Wie versteht ihr euch heute?

Noch immer ist es sehr schwierig, mich mit meinem Mann zu verstehen. Er hat kein Vertrauen zu mir. Nicht einmal zum Einkaufen bekomme ich Geld. Auf den Philippinen ist es üblich, daß die Frauen alleine das Geld verwalten. Ich habe bis heute keinen Pfennig von meinem Mann bekommen. Da ist eine Grenze zwischen uns. Aber ich glaube, fast alle Männer hier sind so.

Du sagst, ihr streitet euch viel. Ist dein Mann auch gewalttätig geworden?

Ja, früher. Aber nur einmal. Heute ist es so,

wenn er anfängt zu streiten, dann hole ich ein Messer. Denn ich denke, wenn ich nur ängstlich reagiere, dann wird er immer stärker. Ich muß mich auch wehren können.

Wie habt ihr euch denn verständigt?

Ja, das ist seltsam. Früher haben wir unsere Füße und Hände benutzt, mittlerweile kann ich ganz gut Deutsch.

Was ist dein Mann von Beruf?

Er ist Schreiner und häufig arbeitslos. Der Übersetzer in Manila hatte gesagt, er sei Meistertischler.

Hast du Kontakt zu anderen philippinischen Frauen?

Ja, wir haben hier in der Beratungsstelle ein monatliches Treffen.

Wie bist du dazu gekommen, in der Beratungsstelle mitzuarbeiten?

Der Pastor, mit dem wir schon früher Kontakt hatten, weil er zwischen mir und meinem Mann vermittelt hat, hat mir die Adresse des Dritte-Welt-Zentrums gegeben. Ich hatte ihm geschrieben, daß ich Hilfe bräuchte. Denn ich war immer nur zu Hause und konnte manchmal nicht einmal telefonieren.

Der Pastor hat mir dann von dieser Beratungsstelle erzählt. Hier könne ich mich auf Englisch unterhalten.

Was sagt dein Mann dazu, daß du hier bist?

Anfangs hat er es gar nicht gewußt. Ich durfte mich mit keiner deutschen Frau unterhalten, denn da würde ich nur rauchen und trinken lernen, hat er gesagt. Heute darf ich einmal in der Woche hier sein.

Könntest du dir vorstellen, dich scheiden zu lassen?

Nach einer Scheidung müßte ich sofort zurück auf die Philippinen - allein. Meine Tochter bliebe hier. Und bei meiner Familie zu Hause wäre ich nicht mehr gut angesehen.

Wie wünscht du dir dein weiteres Leben hier?

Das ist schwer zu beantworten. Ich habe keine Zukunft hier in Deutschland. Auch mit meinem Mann nicht. Ich habe hier kein bißchen Freiheit.

Was denkst du heute über deine Entscheidung, würdest du es noch einmal so machen?

Nein, aber es ist zu spät. Ich versuche, meinen Ellbogen zu beißen, aber es geht nicht mehr.

Das Gespräch führten Lissi Klaus und Margret Lünenborg

Die fremden Bräute

Man trifft sie auch bei akademischen Zusammenkünften oder sogenannten »politisch progressiven« Kreisen - diese lebenden Souvenirs von fernen Reisen. Sie erregen sofort jedermanns Aufmerksamkeit durch ihre exotische, »unnordische« Erscheinung und einen gewissen Ausdruck der Befremdung und Konzentration auf ihren Gesichtern - Folge ihres heftigen Kampfes mit der deutschen Grammatik und Sprache. Die fremde Braut, mitgebracht aus den Städten der sogenannten »Dritten Welt«, ist nicht selten der verzweifelte Versuch eines europäischen oder nordamerikanischen Mannes, die gute alte Ordnung zwischen den Geschlechtern wieder herzustellen.

In der Tat: Wenn man darüber nachdenkt, haben sich die Motive seit prähistorischen Zeiten kaum geändert, als die heimkehrenden Krieger noch Bräute oder Sklavenmädchen als Teil der Kriegsbeute mitbrachten. Die Frau als »Preis« des Siegers hatte zwei Funktionen: Ihre Anwesenheit war zum einen Beweis für den Heldenmut des Kriegers, zum anderen war sie als hilflose Fremde, ohne Ahnung von den Bräuchen und der Sprache seines Landes, total von ihm abhängig. Mit anderen Worten: Es war ganz egal, ob sie nun Braut war oder Dienerin - in Wahrheit war sie seine Sklavin!

Glücklicherweise mußte der junge Deutsche nach 1945 bisher nicht wieder zum Kampf in fremde Länder ziehen, er geht ganz einfach nach Übersee als Vertreter des westlichen Lebensstils (ein Experte) oder als technischer Berater, als wissenschaftlicher Forscher, als Doktor, als Diplomat oder schlicht als Vertreter seiner Firma.

Der weiße Mann wird - egal, welche Stellung er hat - in Afrika, Asien oder Lateinamerika als etwas »Besseres« angesehen, wegen des »Wissens« oder der »Fähigkeiten«, von denen angenommen wird, daß er sie hat. Selbst der bescheidene, wohlgesonnene Entwicklungshelfer, der versucht, »mit den Leuten zu leben«, weiß, daß er die Quelle wertvoller Informationen über Pumpen und Brunnenröhren, über Injektionen und Hygiene ist. Er wird neidvoll respektiert als jemand, der aus einer wohlhabenden und - wie man annimmt - funktionierenden Zivilisation kommt.

Der weiße Fremde hat einen noch höheren Status, wenn er eine religiöse oder politische Gruppe repräsentiert oder eine ausländische Universität. Er ist nicht nur Abgesandter einer reichen Zivilisation, er verdient auch fast immer das Doppelte seiner ansässigen Kollegen. Seine gesellschaftliche Stellung ist daher nicht nur höher als die seines lokalen Ebenbildes, sie ist außerdem weit höher als seine gesellschaftliche Stellung zu Hause.

Ein normaler Journalist zum Beispiel, der zu Hause für eine Lokalzeitung arbeitet, bekommt mehr oder weniger den Status eines Diplomaten, sobald er als Korrespondent oder »Media-Experte« ins Ausland geht. Er kommt automatisch in gesellschaftliche Kreise, die ihm ermöglichen, auf gleicher Ebene mit einflußreichen Politikern, Intellektuellen und Geschäftsmännern zu verkehren - Leuten, die normalerweise zu Hause nicht zu seinem Freundeskreis gehören würden. Er kann sich meist einen Lebensstil leisten, den er vorher nicht gewohnt war und der ihm mit seinem Gehalt zu Hause auch gar nicht möglich wäre. Und so hat er, für eine kurze Zeit, Teil an dem fragwürdigen Vergnügen, zur extravaganten Oberschicht eines Entwicklungslandes zu gehören.

Nun ist es ja eine wohlbekannte Tatsache, daß Legenden kaum totzukriegen sind. So wie weiße Frauen oft in die Karibik oder nach Afrika reisen, um den »edlen Wilden« zu entdecken, so glauben Frauen der »Dritten Welt«, daß europäische Männer liberal, freundlich, großzügig, tolerant und meistens reich sind. Sie haben gehört, daß der Europäer seine Frauen respektiert und sie als »Gleiche« behandeln soll. Mehr noch: Der weiße Fremde sieht anders aus und verfügt - wenn auch nur für gewisse Zeit - über Status und Stellung. Viele dieser in Bewunderung erstarrten Frauen realisieren kaum, daß der stolze »Experte« eines Tages nach Hause zurückkehren wird, als bescheidenes Redaktionsmitglied einer kleinen Provinzzeitung oder kleiner Angestellter im Büro, mit einem Drittel seines momentanen Gehaltes - und vielleicht wird er sogar arbeitslos sein.

In der »Dritten Welt«, die immer noch unter den Auswirkungen von Hunderten von Jahren kolonialistischer und neo-kolonialistischer Gehirnwäsche leidet, gilt der hellhäutige Europäer als guter Fang, besonders in Lateinamerika und einigen Ländern des Fernen Ostens.

Zur Liebe gehören aber zwei, und viele europäische Männer sind auf der Suche nach einer Illusion – sie suchen nach etwas, von dem sie glauben, daß es in Europa langsam ausstirbt: der »richtigen Frau«. Übersetzt aus dem männlichen Vokabular heißt das nichts anderes als die unterwürfige, liebende, sorgende Frau, deren ganzes Leben sich nur um den Mann dreht.

Es ist bekannt, daß eine der erotischen Lieblingsphantasien der Männer darin gipfelt, eine Frau in eine Höhle zu tragen und dort gefangen zu halten (vorzugsweise nackt), ganz alleine für sich. Der weiße Mann, der eine fremde Braut mit in sein Heimatland bringt, kommt der Realisierung dieses Traumes sehr nahe. Die Fremde, die ihrem Mann in sein Land folgt, ist faktisch seine Gefangene – besonders am Anfang. Sie versteht die Sprache nicht, sie hat keine Ahnung von den Sitten und Gebräuchen des Landes – sie ist total isoliert. In ihrem eigenen Land hat sie vielleicht einen verantwortungsvollen Posten gehabt, bestimmt aber hatte sie Familie, Freunde, Verwandte, einen Status und ihren eigenen Lebensstil. Sie war jemand. Sie hatte eine Identität. Im Lande ihres Ehemannes oder Liebhabers ist sie identitätslos, total abhängig von ihrem Mann. Er ist ihr Übersetzer, im wahrsten Sinne des Wortes. Er zeigt ihr seine Welt und das Leben, das er führen möchte. Sie muß lernen, sich anzupassen, sich einzufügen. Sie muß lernen, mit seiner Familie und seinen Freunden zu leben. In den meisten Fällen ist es ihr unmöglich, ihren Beruf auszuüben. Wenn sie Studentin war, muß sie noch einmal ganz von vorn anfangen. Sie ist mehr oder weniger reduziert auf die Stellung eines unmündigen Kindes – geführt von ihrem Mann, der ihr beibringt, in seiner Gesellschaft aufzuwachsen, um in der Nische seines Lebens den Platz einzunehmen, den er für sie bereithält.

Für den Mann ist dies meist eine ideale Situation. Die fremde Ehefrau gibt ihm weiterhin einen erhöhten Stellenwert. Er ist wieder einmal »anders«. Er ragt heraus aus der normalen, gesichtslosen Masse.

Zum Beispiel, wenn er mit seiner Frau einkaufen geht und die bewundernden Seitenblicke seiner Geschlechtsgenossen genießt, während sie ihm zuhören, wie er die Qualität von Karotten mit seiner exotischen Dame auf spanisch, arabisch, thailändisch oder portugiesisch diskutiert. Seine Freunde bewundern ihn, denn viele glauben, daß die fremde Ehefrau ein Beweis für seine »richtige« Männlichkeit ist. Er hat eine Frau, die er »beherrscht«, denn sie haben außerdem die Legende gehört, daß »tropische« oder »südländische« Frauen leidenschaftlicher seien, treu und unterwürfig.

Die Situation der ausländischen Ehefrau – isoliert von ihrer eigenen Kultur – bringt ein Körnchen Wahrheit in diese Legende. Sie kann nicht viel anderes tun, als eine taugliche Ehefrau zu sein, sich auf das Leben mit ihrem Mann zu konzentrieren. Er ist ihr Lebenssinn geworden – und das ist genau das, was er wollte. Mitten in Berlin, Paris oder Rom sind seine vier Wände zum Käfig geworden, und seine Frau ist eine Gefangene. Maria H. zum Beispiel. Sie ist Lateinamerikanerin und war in ihrem Heimatland Lehrerin. Sie hatte, wie die meisten Lateinamerikaner/innen, eine große Familie und einen noch größeren Freundeskreis. Es wurde gemeinsam gegessen, gemeinsam gingen sie in Clubs, Restaurants oder ins Kino. Freundinnen trafen sich regelmäßig, um zu tratschen, zu klönen oder Probleme zu diskutieren. Jetzt verbringt sie ihre Zeit einsam und isoliert in einem kleinen Appartement in Düsseldorf, wo ihr nur ihr kleiner Sohn Gesellschaft leistet: »Ich habe das Gefühl, daß niemand mich ernst nimmt. Jedesmal, wenn ich die Fenster putze, schütteln meine deutschen Nachbarn den Kopf: ›Nein, so macht man das nicht. Wir machen das so!‹ Jeder versucht zu helfen. Aber es muß auf ihre Art gemacht werden. Sie reden immer auf mich ein. Immer belehren, belehren - verbessern, korrigieren. Sie wissen alles besser hier - entweder muß man es auf ihre Art machen, oder man macht es falsch.«

Maria hatte, wie viele Lateinamerikaner, immer das Gefühl, daß Europäer ein wenig überlegen seien, und sie fühlte sich in gewisser Weise deren Kultur zugehörig. Heute ist sie verbittert. Der Europäer (in ihrem Fall der Deutsche) betrachtet sie als unterentwickeltes Mitglied der »Dritten Welt«: eine unmündige Person, die belehrt werden muß. Kaum jemand ist interessiert an ihren Erfahrungen oder daran, etwas über das Leben in ihrem Heimatland zu hören. Sie fühlt sich gedemütigt und ist wütend.

Trudy kommt aus der Karibik. Sie ist Schwarze. Auf ihrer Insel arbeitete sie als Maurerin in der Bauindustrie. Sie konnte in ihrem Beruf in Deutschland keine Arbeit finden. Zunächst mußte sie nach ihrer Heirat darauf warten, eine Arbeitserlaubnis zu bekommen, und zudem arbeiten Frauen hier nicht gerade häufig als Maurerinnen. Sie bekam schließlich Arbeit in einer Fabrik. Von den Männern dort wurde sie ständig angemacht und sexuell belästigt. »'Ne Schwarze und noch dazu aus der Karibik. Die muß heiß sein ... Samba Bamba ...«

Niemand nimmt ihre Ehe ernst. Schwarze heiraten jeden, nur um in Deutschland arbeiten zu können, sagten sie. Niemand war interessiert an ihrer Ausbildung oder an der Kultur ihrer Heimat. Eine Schwarze aus der Karibik kann nur aus einem Slum kommen. Schließlich war sie gezwungen zu kündigen. Sie sah sich anderswo nach Arbeit um und erlebte jedesmal wieder die gleichen Demütigungen. Sie hörte ganz auf zu arbeiten. Sie und ihr Ehemann haben kaum Freunde. Wenn sie in die Kneipe gehen, machen die Männer schmutzige Bemerkungen. Die meiste Zeit verbringen sie zusammen in ihrer kleinen Wohnung. Beide sind isoliert und einsam.

Lucia kommt aus Guatemala. Sie hat zwei Kinder. Sie war Sozialarbeiterin und politisch aktiv. Ihr deutscher Ehemann versteht sich als radikaler Linker. Zusammen besuchen sie die diversen Solidaritätsveranstaltungen – für Guatemala, für Nicaragua ... Nach wie vor verfolgt er seine Karriere. Sie bleibt zu Hause, um auf die Kinder aufzupassen, das Essen zu kochen und die Wohnung zu putzen. Sie ist seit zehn Jahren hier.

»Ich bin immer noch eine Außenseiterin – die ewige Fremde. Jeder Streit wird zur Katastrophe. Man ist so alleine. Selbst wenn man die Tür zuschlägt – wohin soll man gehen? Es wird dir klar, wie isoliert du bist. Nie ganz akzeptiert, nie ungezwungen. Es gibt hier zwei Arten, auf Fremde zu reagieren. Die eine ist offen oder versteckt feindselig. Die andere ist überfreundlich, bewundernd und sympathisierend: ›Im Ausland, bei euch, ist alles viel besser.‹ Ich weiß nicht, welche von beiden schlimmer ist. Entweder schmeicheln sie dir, oder sie verfluchen dich. Aber du bist immer der Außenseiter – selbst für meine eigenen Kinder. Ich bin sogar in meiner Familie eine Fremde.«

Das Zerbrechen einer Beziehung ist immer schmerzlich – aber wenn die Frau Ausländerin ist, wird es dramatisch. Wenn sie nur für eine kurze Zeit hier gelebt hat, kann ihr sogar eine Ausweisung drohen, falls sie keine Arbeitsgenehmigung und keine Arbeit hat. Andere sind gefühlsmäßig und körperlich gestrandet. Es gibt niemanden, an den sie sich wenden können. Von den Nachbarn ist gewöhnlich wenig Hilfe zu erwarten, und die verantwortlichen Stellen ermutigen Ausländerinnen nicht, hier zu bleiben. Wenn die Kinder hier geboren sind, wird der ausländischen Ehefrau plötzlich klar, daß die Kinder Rechte haben, die sie nicht hat. Für die hiesige Bürokratie ist sie die einzige Außenseiterin in der Familie. Sie hat keinen Status, wenn ihr Ehemann ihr keinen gibt. Sie hat kaum irgendwelche Rechte – und oft hat sie nur die Wahl, nach Hause zurückzukehren oder eine Ehe fortzuführen, die für sie zu einem Gefängnis geworden ist.

Die Ausländerin lebt in einer Ghetto-Situation. Manchmal ist ihr Ehemann – bis zu einem gewissen Grad – gezwungen, ihre Isolation zu teilen, weil viele Frauen, verletzt durch das fehlende Interesse, jeden Versuch einer Integration ablehnen. Viele kämpfen einen aussichtslosen Kampf um die Reste ihres Stolzes, ihrer Lebensweise, ihrer Identität, aber selbst die Kinder aus solchen Ehen verhalten sich wie die Mehrheit der Deutschen und schämen sich ihrer Mütter. Kinder aus kulturell unterschiedlichen Familien möchten als »wahre Deutsche« anerkannt werden. Genau wie ihre Schulfreunde behandeln auch sie ihre Mütter oft als Fremde.

Es ist beschämend und traurig, daß auch viele deutsche Frauen diesen ausländischen Ehefrauen mit Mißtrauen und Verachtung begegnen, anstatt Betroffenheit und Sympathie für ihre Lage zu entwickeln. Sie scheinen zu glauben, daß diese »richtigen« Frauen eine Bedrohung sind und ihnen ihre Männer wegnehmen. Manche verachten ihre fremden Nachbarinnen als unordentliche und schlampige Hausfrauen. So sind viele dieser Ausländerinnen gezwungen, Freundschaften nur bei denen zu suchen, die auch fremd sind und ihre Situation teilen. Die Ghetto-Situation ist komplett.

Die meisten europäischen Länder unterstützen Einwanderung nicht und heißen einen Fremden in ihrer Mitte nicht gerade willkommen, außer er ist ein Tourist oder ein Geschäftsmann. Europa ist schon immer, selbst in vorkolonialen Zeiten, latent rassistisch gewesen, und Fremde werden nach Kategorien aufgeteilt. Eine weiße Amerikanerin oder eine Skandinavierin wird niemals dieselbe Diskriminierung erfahren wie eine Afrikanerin oder Asiatin. Auf sie wird nicht in der gleichen Weise herabgeblickt. Sie wird nicht ausgeschlossen.

Man könnte hart sein und sagen, daß die ausländische Ehefrau sich ihr eigenes Gefängnis gebaut hat. »Liebe« ist schuld an ihrer Einsamkeit, weil diese Liebe nur Opfer von ihr gefordert hat. Sie hat ihr Land verlassen und ihre Kultur, um mit ihrem Mann zu leben. Sie hat sich selbst aufgegeben.

Nun leiden aber fast alle Frauen immer noch an derselben gefühlsmäßigen Illusion, die zur Ehe und Abhängigkeit führt. Nur ist die Ausländerin noch hilfloser und verletzlicher. Sie braucht mehr Solidarität, weil sie isoliert ist: Sie lebt in der einen Kultur und denkt und fühlt in einer anderen. Sie hat weibliche Solidarität bitter nötig, weil ihre Situation die Probleme der Unterdrückung und Abhängigkeit, die allen Frauen gemeinsam sind, in besonders drastischer Weise aufzeigt. Diese Traditionen können nur aufgebrochen werden, wenn Frauen sich selbst und andere aus einem neuen Blickwinkel betrachten und anfangen, sich selbst zu definieren - und nicht in den Kategorien und mit den Ausdrücken, mit denen Männer sie seit Tausenden von Jahren belegen. Nur das kann die Frauen vereinen und die notwendige Solidarität hervorrufen. Frauen bauen sich ihre eigenen Gefängnisse - und sie können ihre Situation nur verändern, wenn sie es (zusammen) fertigbringen, die Faktoren zu verändern, die zu dieser Situation führen. Alleine sind sie Opfer. Zusammen setzen sie etwas in Bewegung.

Roshan Dhunjibhoy

Die männliche Nachfrage

Bei Betrachtung der Klischees, die den Frauen aus der »Dritten Welt« auferlegt werden, und der Vertragsbedingungen der Händler lassen sich verschiedene Überlegungen zur Nachfragestruktur des »kaufenden Mannes« anstellen. Erfahrungen aus der Beratungsarbeit fließen im folgenden mit ein.

Angepriesen werden Frauen mit idealisierten außergewöhnlichen weiblichen Reizen, die mit Verhaltensweisen kombiniert werden, wie wir sie aus Liebesfilmen kennen und die dort für immer und ewig versprochen sind: Aussehen und Verhalten scheinen optimal, gemessen an unseren gesellschaftlichen Verhaltensnormen und Schönheitsidealen für ein akzeptables, geliebtes Sexualobjekt.

Die Frau geht als frei verfügbares Wesen in den sicheren Besitz des Mannes über. Und in der Tat lassen die realen rechtlichen, sozio-kulturellen und ökonomischen Abhängigkeiten der gekauften Frau aus der »Dritten Welt« für sie keine wirklichen Alternativen zu. Wo ist in unserer Gesellschaft noch eine solche Sicherheit und Kontinuität in sozialen Beziehungen zu bekommen, in einer Gesellschaft, in der die Unverbindlichkeit in Beziehungen schon eine dominante Rolle spielt?

Die »gekaufte Frau« scheint nicht nur dem Idealtypus einer treuen und attraktiven Geliebten zu entsprechen, nein, sie nimmt genauso mühelos die Funktion der perfekten Hausfrau und Mutter ein. Freiwillig scheint sie die traditionelle Geschlechterrollenverteilung zu akzeptieren, die Reproduktionsarbeit entspricht offenbar ihrer Natur. Folgerichtig steht dem Käufer dann das weite Feld des öffentlichen Lebens uneingeschränkt zu, seine gesellschaftliche Vormachtstellung wird ihm nicht streitig gemacht, sein patriarchales Vorrecht läßt sich ausleben und genießen.

Auch als Randgruppenzugehöriger eines Industriestaates kann man sich einer Frau aus der »Dritten Welt« überlegen fühlen. Gesellschaftliche Ohnmacht wird mit Omnipotenzerlebnissen im Privatleben kompensiert.

Die gekaufte Frau aus der »Dritten Welt« erfüllt die Funktion

- der Geliebten, wo Sexualität und Partnerschaft schwer zugänglich ist;
- der Hausfrau, wo der Bedarf einer bezahlten Arbeitskraft besteht;
- der Mutter, wo sich die Frage nach Wärme und Vertrauen stellt;
- der Dienerin, wo Ohnmachtsgefühle kompensiert und Aggressionen ausgelebt werden müssen.

Realität ist, daß Männer versuchen, durch einen einfachen Kauf ihrer gesellschaftlich bedingten Einsamkeit und Isolation zu entkommen. Sie eignen sich einen Menschen an, über den sie ziemlich frei verfügen können, ohne mit besonderen Sanktionen rechnen zu müssen, denn bei Bedarf kann mann sich des Objekts Frau recht einfach entledigen.

Durch den Griff in die fremde Kultur, in der Familien- und Beziehungszusammenhänge noch zu funktionieren scheinen, wird versucht, die Kehrseite unserer hochindustriellen Leistungsgesellschaft zu überwinden. Das Makabere daran ist, daß ausgerechnet ein Kaufakt dieses emotionale Loch stopfen soll, daß mann sich über eine konsumierende Haltung einen Ausweg erhofft - das gleiche Konsumverhalten, das zu dem Dilemma beiträgt, soll seine Folgen mildern.

Als logische Konsequenz erscheint, daß die Frau in einer unter diesen Voraussetzungen zustande gekommenen Beziehung nur schwer als Subjekt mit eigenen Empfindungen, Ansprüchen und Vorstellungen wahrgenommen werden kann. Die Frau wird vielmehr zu einer riesigen Projektionsfläche - in sie wird hineinprojiziert, was das Leben lebenswert machen soll. Die in unserer Gesellschaft übliche Überbelastung von Beziehung, Ehe und Familie als Gegenpol zu Rationalität, Leistungsorientierung und Gefühlsfeindlichkeit wird hier bis ins Extrem gesteigert.

Welche speziellen Forderungen im Einzelfall auch immer an die »gehandelten Frauen« gestellt werden: Die Käufer weigern sich, ihre eigene gesellschaftliche Situation und damit ihre Kaufmotivation zu hinterfragen - eine Verweigerung von kritischem Reflektieren der eigenen geschlechtsspezifischen Position, die allerdings generell ein Ausdruck des männlichen Selbstverständnisses in patriarchalischen Verhältnissen ist.

Elvira Niesner

»Ich lieb' die – es ist irre«

Volkmar sucht die »perfekte Frau«. Schon lange. Auf den Philippinen hofft der Österreicher, endlich fündig zu werden. 100 Dollar kostet ihn sein neuer Versuch, im Büro der Heiratsvermittlung »Einstein« in Manila. Reporter des Österreichischen Rundfunks sind mit dem Mikrofon dabei.

Heiratsvermittler: Das ist meine Sekretärin ... Machen wir das Fenster zu, es ist zu laut draußen. Es ist also folgendes: Wir haben eine Kartei von heiratswilligen Filipinas. Das sind Mädchen, die kommen auf jeden Fall nicht aus diesem Milieu der Del-Pilar-Street, sondern das sind anständige Mädchen, die haben wir zum Teil durch Zeitungsanzeigen kennengelernt, das tun andere nicht, die möchten dann auch zum Teil keine anständigen Mädchen ...

Volkmar: Das Problem an sich ist, die zu erfassen, die arbeitslos sind, die wirklich an sich einen Grund haben müßten, rauszugehen und mit dem Europäer den Kontinent zu verlassen.

Ich glaube aber nicht, daß es gut wäre für einen Europäer, eine Filipina zu heiraten, die nicht mindestens ein gewisses Bildungsniveau hat.

Na, ich würde sagen, das ist abhängig von der Vorauswahl, wen man als Applikanten aufnimmt. Inwieweit man den Background abcheckt, warum will sie einen Ausländer, warum will sie den Kontinent ver-

lassen, warum einen Ausländer heiraten, denn was in der Zeitung geschrieben wurde über uns arme Ausländer ist ja nicht gerade das Beste gewesen in den letzten zwei Jahren.

Aber trotzdem, die Filipinas mögen die Ausländer.

Na ja, gut...

Im Moment haben wir zwei- bis dreihundert, und ich zeige Ihnen einmal ein paar Fotos und kann Ihnen zu den Mädchen auch ein bißchen was sagen.

Die sind alle noch frei, die darauf abgebildet sind?

Ja, ja, da sind zum Teil auch jüngere Mädchen. Die ist zum Beispiel nur 18. Für Sie zu jung, für Sie, würde ich sagen. Darf ich einmal fragen, wie alt Sie sind?

Ich bin 43, aber ich gehe auf keinen Fall älter als 26. Das ist das Höchste.

Die ist 27...

Nee, vergessen wir, das ist zuviel. Ich will Kinder haben, und die nicht gleich. Der Typ muß es sein, echte Zähne...

Echte Zähne?

Ja. Und in der Figur komplett – also nicht ohne Brust, und, wenn es geht, auch nicht ohne Arsch. Gut, das Hinterteil ist nicht gar so wichtig, aber ich kann nicht mit einer Brustlosen, da denk' ich, ich habe einen Kumpel im Bett liegen... Aber was ist denn mit den anderen?

Die ist 24.

Ich könnte ruhig jede einzelne einmal sehen, damit ich die Gewißheit habe, in die Kiste brauche ich nicht noch mal schauen...

18 – die ist zu jung für Sie.

Anschauen! Natürlich, meine liebe Verwandtschaft, die würde wieder sagen: »Ja, Junge, das ist das richtige Alter für dich!« Ist klar, der Kritik unterliege ich sehr hart ... Aber auf alle Fälle ist das erst mal mein Typ, und die Chance, daß sie echte Zähne hat, mit 18, die ist natürlich schon relativ hoch.

Ich glaube, mit der könnten wir gut für morgen nachmittag etwas ausmachen.

Per Telefon?

Wir erreichen die schon ... (zur Sekretärin) You try tomorrow three o'clock Tanita, and on Saturday evening Perla, and on Sunday evening Justina.

Wochen später sitzt Volkmar in seinem Hotelzimmer und muß sich entscheiden.

Ich bin also an dem Punkt, zu optimieren zwischen dreien, die ich einigermaßen kenne. Da muß ich die Liste raussuchen ... Die erste ist also Typ, bißchen erschlafft, ist also nicht mehr so straff die Haut, hat aber Brust, hat auch Schamhaare, hört auch zu, ist etwas intelligent, zu deutsch Oberschulbildung. Die andere, die hat also sehr straffe Haut, sehr schöne Brust, die hat keine Schamhaare, hört sehr konzentriert und antwortet auch sehr exakt, intelligent, also schon im – was ist das dann schon – im zweiten Jahr der Bildung nach der Oberschule, fließendes Englisch, hatte ich schon gesagt, hat ein bissel Bauch und vorstehendes Gebiß. Die dritte ist wiederum Typ, normalen Körperbau, da ist alles O.K., nicht zu straff und nicht zu schlaff die Haut, normale Brust, normale Schamhaare, die hört nicht zu, die antwortet nicht und ist stinkend faul. Aber die ist vom Äußerlichen ein Typ, ich lieb' die – es ist irre.

Lieferung nur gegen Vorkasse

Asiatinnen haben ihn zum Millionär gemacht. Karl Schupfer hat 1975 - »als erster Europäer«, wie er stolz mitteilt - mit dem Heiratshandel begonnen. Er vermittelte nur Filipinas (»Wollen Sie unbedingt eine Negerin heiraten??«) und makelte seit 1982 von Manila aus - »aus steuerlichen Gründen«, wie er allen Kunden in seinen Briefen mitteilte, und weil die »Rote Zora« Händlern wie ihm in Hamburg gefährlich nahe auf den Pelz zu rükken drohte. In Alabang Hills, einer der guten Wohngegenden am südlichen Stadtrand von Manila, schützt heute eine »Meute bissiger Schäferhunde« das Schupfersche Anwesen vor ungebetenen Besuchern. Als die Regierung Aquino nach langem Zögern Mitte 1990 Heiratsagenturen verbietet, muß sich Schupfer auf sein Immobiliengeschäft zurückziehen.

Von langwierigem Briefverkehr hielt der Frauenhändler nichts. Seine Ware sei gut - und schnell unter der Haube. Ordern konnte man in Manila telefonisch (00632/501-789), und »alle relevanten Daten« der Damen standen auf der Rückseite der Fotos, die Schupfer dem Interessenten nebst langatmigem Werbebrief zuschickte: Bestellnummer, Name, Geburtsdatum, Größe, Religion, Familienstand, Beruf, Hobbies. »Sie wurden auch gemessen (ohne Schuhe) und gewogen - Sie können also auch davon ausgehen, daß die Maße stimmen.«

Das mußte für die Entscheidung reichen. Ein DIN-A4-Blatt genügte für die Bestellung: »Tragen Sie unter 1.) die Dame ein, die Ihnen am Besten gefällt, und unter 2.) und ggfs. 3.) noch eine oder zwei Damen als ›Reserve‹.« Umtausch bei Mißerfolg war im Preis inbegriffen: »Dann vermittle ich Ihnen kostenlos eine neue Partnerin. Aber die Wahrscheinlichkeit ist nicht allzu hoch. Die ›Filipinas‹ sind sehr anpassungsfähig.«

Schupfer, Jahrgang 1941, weiß, wovon er redet. Er ist seit 1977 selbst mit einer Filipina verheiratet. Für 4980 DM konnte jeder dieses Glück bei ihm ausprobieren – möglichst gegen Vorkasse. Mit der Bestellung waren mindestens 1000 DM fällig – nur »dann kann ich Ihrer Auserwählten schon mal was Konkretes sagen (nämlich daß Sie sich für sie entschlossen [sic!] haben)«. Bei Lieferung war die Restzahlung fällig. Wie das Geld »innerhalb eines Jahres« wieder hereingeholt werden konnte, verriet Schupfer gratis: Bei erfolgreichen Empfehlungen an andere Junggesellen versprach er »saftige Provisionen«.

Auch Schupfers Handelsgut erhielt Merkzettel mit auf den Weg nach Europa: einen auf Deutsch für den künftigen Ehemann, einen auf Englisch für die reisende Braut. »Wenn Ihre Freundin am Flughafen ankommt«, warnte Schupfer seine Kunden, »hat sie eine lange und strapaziöse Flugreise von mehr als 20 Stunden hinter sich. Sie ist vermutlich müde, übernächtigt und sieht nicht unbedingt so aus wie zu ihren besten Zeiten.« Liebevoll und schonend möge man mit ihr umgehen: »Die meisten Filipinas sind ohnehin ziemlich zartbesaitet, und wenn sie zum erstenmal in einem

AUFTRAG

zur Vermittlung einer philippinischen Ehepartnerin, einschliesslich Organisation der Reise in die BRD, Flugtickets und Nebenleistungen laut Angebot.

Bitte einschl. den Angaben zur Person (auf der Rueckseite) vollstaendig ausgefuellt und unterzeichnet per Luftpost zuruecksenden an : Mr. Karl Schupfer, ATS International, P.O.Box 2269, Manila, Philippines 2800

Auftraggeber : ....
(Name und genaue Wohnanschrift, Tel.Nr.)

Hiermit beauftrage ich Herrn Karl Schupfer, ATS INTERNATIONAL, Tanauen cor. Toledo Street, Alabang Hills Village, Muntinlupa, Metro Manila, Philippines,

fuer 1.)....................................geb. am : ....

ersatzweise fuer 2.)........................geb. am : ....

ersatzweise fuer 3.)........................geb. am : ....

folgende Leistungen zu erbringen :

Organisation der Reise in die BRD, einschl. Beschaffung eines phil. Reisepasses, Linienflug Manila - Frankfurt, -Muenchen oder -Zuerich, und Rueckflug Frankfurt - Manila innerhalb von 6 Monaten nach der Ankunft, falls keine Eheschliessung zustandekommen sollte und die Rueckreise gewuenscht wird, oder geboten erscheint, incl. Kosten fuer Phil. Travel Tax (Ausreisesteuer), aerztl. Untersuchung, Visa, Verbringung zum Flughafen Manila, Flughafensteuer, und 200.- DM Taschengeld.

Als Zahlung fuer die oben aufgefuehrten Leistungen, einschl. Vermittlung, wird ein Betrag von DM 4.980.- vereinbart.

Die beiliegenden Allgemeinen Geschaeftsbedingungen habe ich gelesen, und bin damit einverstanden.

Den vereinbarten Betrag von DM 4.980.- O ueberweise ich am .....

O habe ich bereits ueberwiesen.

O ich ueberweise erst eine Anzahlung von DM 1000.-, Rest folgt.

....
Ort, Datum Unterschrift

Zahlungen bitte nur durch Bankueberweisung an :
Karl Schupfer, Konto Nr. 01 206309 01, Hongkong and Shanghai Bank Hamburg, BLZ 202 106 00

Schupfers Bestellformular

fremden Land (und bei einem noch fremden Mann) sind, sind sie doppelt verwundbar.«

Vor allzu schneller Leidenschaft wurde gewarnt: Die Philippinen seien stark katholisch; es empfehle sich, zuerst einen persönlichen Kontakt herzustellen. »Wenn wir hier den Eindruck gehabt haben, daß Ihre Partnerin zu denen gehört, die vermutlich keine oder wenig Erfahrungen in der Liebe hat, finden Sie hier auf dieser Seite - links unten - einen roten Stern mit Kugelschreiber gemalt. Das ist natürlich nur eine Vermutung - kein Garantieschein.«

Tränen sollten den deutschen Mann nicht aus der Fassung bringen: »Seien Sie auch nicht besorgt, wenn Ihre Freundin manchmal - scheinbar ganz ohne ersichtlichen Grund - heult. Das ist ganz normal, und auf die Umstellung und die andere Umgebung zurückzuführen. Kaufen Sie ihr eine Kleinigkeit, vielleicht eine Schachtel Pralinen, eine Tafel Schokolade oder eine Kleinigkeit zum Anziehen - und gleich ist der Kummer verflogen, und das Mädchen lächelt wieder...«

Schupfer wußte: »Ein kleines Geschenk hin und wieder fördert das Verhältnis zu Ihrer Partnerin«. Teuer müsse es gar nicht sein - nur etwas zum Anziehen sei wirklich ratsam: »Insbesondere wenn sie in der kalten Jahreszeit ankommt, empfiehlt es sich, unbedingt gleich einen warmen Mantel, einen Pullover, ein paar Handschuhe und ein paar Stiefel zu spendieren, damit sie gut über den Winter kommt und nicht gleich krank wird. - Wenn sie nämlich gleich krank wird, wird das wesentlich teurer, denn das müssen Sie tragen.«

Für den Fall, daß alle Hinweise dieser brutalen »Gebrauchsanweisung« nichts fruchteten und die »Partnerschaft« schiefging, gab Schupfer den Filipinas englisch formulierte Ratschläge mit auf den Weg. Wenn der Kunde nicht heiraten wolle, schrieb er, könne bei Peter und Teresa Michalski in

Schneverdingen ein neuer Anlauf gemacht werden. »In der Regel können Sie dort innerhalb weniger Wochen einen neuen Partner finden.« Die Michalskis – er war Mitte der siebziger Jahre einer der ersten Schupfer-Kunden – betrieben in der Lüneburger Heide eine eigene Vermittlungsagentur und hatten ständig Filipinas »auf Lager«. Kein Wunder, daß die sich, wie Peter Michalski seinen Kunden mitteilte, »in der Regel sehr schnell entscheiden« konnten. Sie mußten. Bundesdeutsche Ausländergesetze im Nacken »erleichtern« das »Ja«-Wort.

Da Filipinas für die Heirat in Deutschland ein Visum haben müssen, gab Schupfer in seinem Merkzettel Tips zur Täuschung der Behörden: Bei der Einreise dürften die Frauen weder den Namen Schupfer noch den von Michalski nennen, »denn wir sind bekannt in Deutschland«; die Adresse des Hamburger Ehepaares Steinhaus, Freunde der Schupfers, sei unverdächtig, ein dreimonatiges Touristenvisum an der Grenze dann nicht abzuschlagen.

Von all dem ahnten Schupfer-Kunden nichts. Wer die Werbebriefe aus Manila las, lernte, daß der Wettbewerb hart und Schupfer der Beste war. Seinem Erzkonkurrenten Hans-Günter Menger, mit dem er sich im Rundfunk schon heftige Streitgespräche geliefert hatte, ist Schupfer in herzlicher Feindschaft zugetan (»Bestellen Sie dem in Hessen einen schönen Gruß von mir, falls Sie auf ihn stoßen sollten. Der Größte ist er sicher nicht, allenfalls der ... Korpulenteste.«). Über die Filipinas verlor Schupfer weniger Zeilen. Sie »haben sich einer ärztlichen und psychologischen Voruntersuchung unterzogen und wurden für in Ordnung befunden« - und alle »sind von uns über das Leben und die Verhältnisse in der BRD und der Schweiz informiert und wissen, was sie erwarten können und was nicht«. Auszüge aus diesen »Informationen« werden auf den nächsten Seiten dokumentiert: Aufklärung für heiratswillige Filipinas - oder: Wie Karl Schupfer Filipinas fing.

Wie man Filipinas fängt

OIS
OVERSEAS INTRODUCTION SERVICE
Rooms 31–32, 3rd Floor, 1184 A. Mabini
Street, Ermita, Manila
Tel. 501-789

ALLGEMEINE INFORMATIONEN

Hallo ladies!

Diese Informationen sind von Karl Schupfer geschrieben worden, der Europäern seit 1975 philippinische Damen vermittelt und, direkt oder indirekt, dafür verantwortlich ist, daß Tausende Filipinas jetzt in Deutschland, der Schweiz und in den Nachbarländern verheiratet sind.

Dieses Informationsblatt sagt die Wahrheit, klipp und klar, und Sie werden Dinge erfahren, die Sie vorher nicht gewußt haben und die Ihnen vielleicht niemand sonst sagen könnte.

WIE SEHEN IHRE CHANCEN AUS??

Wenn Sie angenommen werden, nicht zu hohe und unrealistische Erwartungen über Ihren zukünftigen Ehemann haben und jünger als 35 Jahre alt sind, betragen Ihre Chancen, durch unsere Organisation innerhalb von sechs Monaten einen passenden Ehemann zu finden, nahezu 100 Prozent.

WAS SIND DIE VORAUSSETZUNGEN??

1. Sie müssen zwischen 18 und 45 Jahre alt sein.

2. Sie müssen ledig (oder verwitwet) sein. Frauen, die auf den Philippinen geheiratet haben und getrennt leben, können nicht angenommen werden, da es hier keine Scheidung gibt und sie daher immer noch als verheiratet gelten.

3. Die meisten Ausländer, die auf den Philippinen nach einer Ehefrau suchen, wollen eine jüngere Frau. Daher sollten Sie bereit sein, einen Partner zu akzeptieren, der bis zu anderthalbmal so alt ist wie Sie: Wenn Sie 18 sind, sollten Sie einen Partner bis zu 27 Jahren akzeptieren; wenn Sie 24 sind, bis zu 36 Jahren usw.

4. Viele Ausländer akzeptieren eine Partnerin mit einem unehelichen Kind und adoptieren es sogar, wenn die Ehe gut ist. Aber nur sehr wenige nehmen eine Frau mit zwei oder mehr Kindern. Daher sollten Sie nicht mehr als ein Kind haben, wenn überhaupt - es sei denn, sie sind bereits erwachsen und müssen nicht mehr unterstützt werden. Wenn Sie noch zwei oder mehr Kinder ernähren müssen, sollten Sie lieber im Ausland nach Arbeit suchen.

5. Es wird kein formaler Schulabschluß verlangt, aber Sie sollten lesen und schreiben können und Basiskenntnisse in Englisch haben. Wenn Sie diese Information lesen und verstehen können, reicht das aus.

6. Sie müssen physisch und psychisch gesund sein. Medizinische und psychologische Tests werden durchgeführt, bevor Ihre Bewerbung angenommen wird.

7. Ihr Charakter sollte moralisch einwandfrei sein. Jungfräulichkeit wird allerdings nicht verlangt. Aber nur sehr wenige seriöse Ausländer werden damit einverstanden sein, eine ehemalige Prostituierte zu heiraten.

8. Sie müssen frei für eine lebenslange Beziehung sein. Falls Sie noch einen festen Freund haben oder mit jemandem zusammenleben, sehen wir Sie als nicht frei an und können Sie nicht annehmen.

9. Sie müssen ernsthaft entschlossen sein, so schnell wie möglich einen ausländischen Ehemann zu finden, und bereit sein, ins Ausland zu reisen, sobald Sie einen möglichen Partner gefunden haben und die Papiere fertig sind.

10. Die meisten in Frage kommenden Ausländer über 35 Jahre sind geschieden, und das ist nicht immer ihr Fehler. Immer öfter ist es die Frau, die die Scheidung einreicht. Falls Sie also nicht sehr jung sind (unter 24), sollten Sie Geschiedene nicht ausgrenzen und bereit sein, einen zu akzeptieren, wenn Ihnen seine Persönlichkeit gefällt.

11. Da wir in diesen Zeiten unseren ausländischen Kunden davon abraten, auf die Philippinen zu reisen, müssen Sie bereit sein, ins Ausland zu gehen, wenn Sie einen passenden Partner gefunden zu haben glauben, und nicht darauf warten, bis er Sie persönlich auf den Philippinen trifft. Darüber hinaus müssen Sie bereit sein, bei Ihrem zukünftigen Partner zu bleiben, bis die Heirat stattfindet oder eine andere Entscheidung getroffen wird.

WAS KÖNNEN SIE ERWARTEN??

Sie können einen netten und treuen Ehemann

erwarten, eine glückliche Familie mit ein oder zwei eigenen Kindern, ein sicheres Leben ohne wirtschaftliche Sorgen, wenn Sie nicht zu extravagant sind und die Familienfinanzen regeln lernen; ausreichendes und gutes Essen und ein vernünftiges Heim für Sie und Ihre Kinder und auch kostenlose ärztliche Behandlung, falls Sie jemals krank werden sollten. Einmal innerhalb von ein paar Jahren werden Sie Urlaub auf den Philippinen machen können, gemeinsam mit Ihrem Ehemann, und nach einiger Zeit, und wenn Sie das wollen, werden Sie vielleicht auch ein Haus oder eine Wohnung irgendwo auf den Philippinen kaufen können.

WÜNSCHENSWERTE QUALITÄTEN, DIE IHRE CHANCEN BETRÄCHTLICH ERHÖHEN:

Jeder Frau unter 35 Jahren, die angenommen wird, geben wir eine nahezu 100-Prozent-Chance, innerhalb von sechs Monaten einen Partner zu finden. Aber es gibt einige Merkmale, die Sie noch viel schneller einen Partner finden lassen:

- wenn Sie 5'3" (160 cm) oder größer sind. Frauen, die 5'5" (165 cm) oder 5'6" (168 cm) groß sind, finden in der Regel sehr schnell einen Partner.
- wenn Sie einen schlanken Körper, aber einen schönen, vollen Busen haben. Ein Foto im Bikini wird sehr gut aussehen, und Sie werden sehr bald einen Partner finden.
- wenn Sie einen Beruf im medizinischen Bereich haben, wie Krankenschwester oder medizinisch-technische Assistentin. Bis 1973 wurden in Deutschland Krankenschwestern und MTAs auf den Philippinen angeworben, und Sie können in

diesem Bereich auch jetzt eine Arbeit finden - aber nur, wenn Sie einen Deutschen geheiratet haben, erhalten Sie eine Arbeitserlaubnis.

- wenn Sie bereit sind, einen alten Mann zu heiraten. Viele alte Männer würden gern junge Frauen heiraten, können sie aber nicht immer finden. Wir fördern dies jedoch nicht und schlagen auch nicht vor, daß Sie einen alten Mann heiraten sollen. Das ist allein Ihre Entscheidung, und Sie sollten die Nachteile kennen. Wenn Sex Ihnen nicht wichtig ist, könnte ein alter Mann O.K. sein - andernfalls könnten Sie nicht das kriegen, was Sie brauchen. Nach dem deutschen Recht ist es kein Verstoß, falls eine Ehefrau einen Geliebten hat, aber wenige alte Männer sind verständnisvoll genug, das hinzunehmen, und die Ehe dürfte aller Voraussicht nach nicht lange genug dauern, um der Ehefrau von irgendeinem Nutzen zu sein...

FALLS IHR MOTIV, EINEN AUSLÄNDER ZU HEIRATEN, VOR ALLEM FINANZIELLER NATUR IST:

Zögern Sie nicht, das zu sagen. Das ist ein rechtsgültiges Motiv und ganz verständlich.

In Deutschland gibt es viele alte Millionäre, die auf Ihre alten Tage gern etwas Spaß haben würden (mit einem jungen Mädchen) und dafür auch bereit sind zu zahlen. Solange Sie klug genug sind und wissen, wie das Spiel zu spielen ist, werden Sie, finanziell betrachtet, eine sichere Gewinnerin sein - vorausgesetzt, Sie halten eine Weile aus. Auch wenn Sie nicht sein ganzes Vermögen erhalten (die meisten alten Männer sind geschieden und haben eigene Kinder), könnten Sie nach einigen Jahren mit einigen Millionen (Pesos) da herauskommen ... Allerdings sollten Sie klug genug sein, am Anfang keinerlei Forderungen zu stellen – oder Sie werden vermutlich mit nichts enden ...

SO IST UNSER VERFAHREN:

Um Sie anbieten zu können, brauchen wir mindestens ein gutes Foto von Ihnen. Da Ihr zukünftiger Partner aller Voraussicht nach nicht hierherkommen wird, um Sie persönlich zu sehen, wird es vor allem auf das Foto ankommen, ob Sie gewählt werden oder nicht.

In den meisten Fällen wird Herr Schupfer Ihr Foto im Büro aufnehmen. Sie sollten nett angezogen sein, eher ein Kleid tragen als Hosen oder Jeans. Lassen Sie Ihr Haar nicht kurz schneiden – Ausländer mögen Frauen mit langem Haar.

Zusätzlich ist es hilfreich, wenn Sie sich auch im Badeanzug (Bikini) fotografieren lassen – vorausgesetzt, Sie haben die Figur dazu. Frauen mit schönen Kurven geben oft sehr nette Bilder ab und können darauf zählen, sehr schnell ausgewählt zu werden. Die Aufnahmen werden jeden Sonnabendnachmittag am Swimming-Pool des Hauses von Herrn und Frau Schupfer, Alabang Hills, gemacht, wenn das Wetter gut ist. Für den Transport zu den Alabang Hills wird gesorgt, ebenso für saubere Bikinis, falls Sie keinen besitzen.

Falls Sie ausgewählt werden, werden Sie die gute Nachricht sehr schnell von uns hören, per Telefon oder Telegramm. Sie werden in unser Büro eingeladen, um dort die Lebensdaten und das Foto des Mannes zu sehen, der Sie gewählt hat, und zu entscheiden, ob er Ihnen auch gefällt.

Wenn Sie den Mann nicht mögen, haben Sie das Recht, das zu sagen, und Ihnen entsteht dadurch kein Nachteil. Wir werden Sie weiter anbieten, wenn wir glauben, daß Sie einen guten Grund (für die Ablehnung) haben. Wenn wir aber der Ansicht sind, daß Ihre Erwartungen zu hoch sind, können wir Sie aus unserem Angebot herausnehmen; Sie können es dann auf eigene Faust versuchen.

Wenn Sie den Mann mögen, unterschreiben Sie eine kleine Erklärung, daß Sie bereit sind, ihn als Ihren Partner zu akzeptieren und in sein Land zu gehen, sobald Flugticket und Papiere fertig sind, und dann schreiben Sie Ihrem zukünftigen Partner einen netten Brief in Ihrer Handschrift.

FRAGEN

Muß ich mit dem Mann schlafen, selbst wenn wir noch nicht verheiratet sind?

Dies ist allein Ihre Entscheidung. Die Tatsache, daß Ihr Mann für Ihr Ticket und die Vermittlung bezahlt hat, gibt ihm kein Recht, Sie nach Ihrer Ankunft zu vergewaltigen.

Sie sollten jedoch über ein paar Dinge nachdenken. Europäische Länder sind in Sachen Sex liberaler, und Jungfräulichkeit ist kein Wert, den Sie bis zum Hochzeitstag bewahren müssen. Anderes ist wichtiger: ein guter Kamerad zu sein zum Beispiel, oder eine gute Köchin, oder fleißig im Haushalt. Und für einen Mann und eine Frau, die sich mögen und die heiraten wollen, sind sexuelle Beziehungen selbst vor dem Hochzeitstag ganz normal. Zu heiraten dauert in Deutschland oder der Schweiz sowieso einige Monate, wegen des Papierkrams. Das ist gut für Sie, denn so haben Sie genug Zeit, sich besser kennenzulernen, ehe Sie einen so wichtigen Schritt unternehmen. Ganz allgemein gesprochen ist es nicht klug, dem anderen die kalte Schulter zu zeigen, wenn der Partner Sie heiraten will. Falls Sie jedoch noch keinerlei sexuelle Erfahrungen gehabt haben, sagen Sie uns das bitte - dann können wir Ihrem Mann raten, darauf Rücksicht zu nehmen.

Auszüge aus einem siebenseitigen Papier, das Karl Schupfer an Filipinas verteilte, um sie für seine Agentur zu werben

Kavaliersdelikt Frauenhandel

Deutsche Behörden haben gegen Menschenhändler wenig einzuwenden. Als die Firma »Hot Pants« beim Finanzamt Hachenburg im Westerland angemeldet wurde (Steuernummer 18/079/0175/7), trugen die Beamten in der Rubrik »Beruf/Gewerbe« ohne erkennbare Bedenken ein: »Mädchen- und Frauenhandel«. Auch andere rheinlandpfälzische Behörden nahmen an dem Gewerbe keinen Anstoß, die Industrie- und Handelskammer Koblenz gratulierte zur Existenzgründung und bot ihre Beratung an, die Gemeindeverwaltung Hachenburg änderte die Gewerbebezeichnung lediglich um in »Vermittlung von Frauen aus verschiedenen Ländern«.

»Hot Pants« war eine Scheinfirma, gegründet von dem Schriftsteller Klaus-Peter Wolf, der sich bei den Recherchen für seinen Roman »Traumfrau« in der Branche umsah. Bei Marktführer Hans-Günter Menger wurde Wolf Lizenznehmer: Für 298,- DM monatlich erhielt »Hot Pants« für den Raum Altenkirchen das Menger-Monopol. »Zahle immer pünktlich deine Steuern« war eine der wichtigsten Geschäftsregeln, die Menger seinem Partner mit auf den Weg gab. Auch seine anderen beiden Ratschläge sollten Streit mit der Behörde verhindern: »Verletze niemals die Visa- und Paßbestimmungen« und »Tue den Frauen keine direkte Gewalt an«.

Wird dies beherzigt, kann Menschenhändlern hierzulande wenig passieren. Zwar ist ihr Geschäft im Strafgesetzbuch (§ 181) verboten – die Justiz hat dies allerdings sehr eng ausgelegt, versteht die Vorschrift als Anti-Prostitutions-Paragraphen und ist über Jahrzehnte in erster Linie nicht gegen die Händler, sondern gegen die betroffenen Frauen vorgegangen.

Jedes Jahr wird bundesweit in etwa 160, 170 Fällen wegen Menschenhandels ermittelt; rund 20 bis 30 Täter werden nach § 181 StGB verurteilt. Er erfaßt allerdings nur Fälle, in denen

- die Prostitution erstmals aufgenommen wird und
- der Täter dies durch Täuschung oder Drohung erreicht hat.

Viele Verurteilungen scheitern allein schon daran, daß nach herrschender Rechtsprechung Fälle, wo Frauen bereits in ihrer Heimat als Prostituierte gearbeitet haben oder wußten, welche Arbeit sie in Europa erwartet, nicht nach § 181 abgeurteilt werden.

Zum anderen sind die betroffenen Frauen illegal im Land: Entweder wurden sie eingeschleust, oder sie kamen mit einem Touristenvisum, ohne Arbeitserlaubnis. Bis 1989 wurden sie daher nach der Entdeckung ausnahmslos in ihre Heimatländer abgeschoben – und fielen für einen Prozeß gegen die Händler als Zeuginnen aus.

Ergebnis: Die Menschenhändler konnten lediglich wegen Verstoßes gegen das Ausländergesetz oder Förderung der Prostitution belangt werden, was nur geringe Strafen nach sich zog; ihre Opfer

§ 181 Menschenhandel

Wer einen anderen
1. mit Gewalt, durch Drohung mit einem empfindlichen Übel oder durch List dazu bringt, daß er der Prostitution nachgeht, oder
2. anwirbt oder wider seinen Willen durch List, Drohung oder Gewalt entführt, um ihn unter Ausnutzung der Hilflosigkeit, die mit seinem Aufenthalt in einem fremden Land verbunden ist, zu sexuellen Handlungen zu bringen, die er an oder vor einem Dritten oder von einem Dritten an sich vornehmen lassen soll,
wird mit Freiheitsstrafe von einem Jahr bis zu zehn Jahren, in minder schweren Fällen mit Freiheitsstrafe von drei Monaten bis zu fünf Jahren bestraft.

Strafgesetzbuch (StGB)

waren ohne jede Entschädigung längst abgeschoben.

Walter Adolfs aus Hannover ist einer der wenigen verurteilten Menschenhändler. Sein Prozeß 1989/90 vor dem Landgericht Hildesheim - das bislang größte Verfahren wegen Menschenhandels in der Geschichte der bundesdeutschen Justiz - war in vielerlei Hinsicht ein Ausnahmeverfahren. Neun Monate wurde verhandelt, 36 Zeugen wurden gehört, zum erstenmal wurden einige Frauen wieder aus Thailand eingeflogen - und doch konnte Walter Adolfs Menschenhandel in nur einem einzigen Fall nachgewiesen werden.

Zusammen mit seiner damaligen thailändischen Ehefrau hatte der Bordellwirt zwischen 1984 und 1988 eine große Anzahl Thailänderinnen mit der Aussicht auf einen Job als Hausangestellte, Näherin oder Serviererin in die Bundesrepublik gelockt. Als die Polizei Anfang 1988 vier Bordelle und mehr als 40 Privatwohnungen durchsuchte, wurden 26 Thailänderinnen, die für Walter Adolfs als Prostituierte arbeiteten, festgenommen - und wegen Verstoßes gegen das Ausländergesetz abgeschoben.

Knapp zwei Jahre später saßen einige von ihnen wieder in Hildesheim im Gerichtssaal und erzählten. Bis zu 17000 Mark hatten ihnen Adolfs & Co. für die Reise nach Deutschland abgeknöpft. »Ich hatte große Angst«, sagte die 22jährige Buppha. »Die anderen Thailänderinnen sagten, man muß so arbeiten. Von ihnen erfuhr ich zum erstenmal, daß ich auch mit Männern aufs Zimmer gehen muß.« Buppha spricht so leise, daß auch die Übersetzerin neben ihr Mühe hat, alles zu verstehen. Die junge Frau hatte gedacht, sie sollte in Deutschland in einer Bar arbeiten - »einem Kaufladen, wie bei uns. Man verkauft Essen und Getränke«. Das »Waldfrieden« in Bückeburg aber war eines von Walter Adolfs Bordellen.

Der Schuldschein hielt Buppha bei Adolfs fest. Paß und Rückflugticket waren ihr wie allen anderen gleich nach der Ankunft auf dem Flughafen in Frankfurt abgenommen worden; die Scheinheirat in Dänemark mit Männern aus dem Bahnhofs- und Pennermilieu von Hannover sollte ihnen Aufenthalts- und Arbeitserlaubnis sichern und schlug bei ihren Schulden mit 7000 Mark zu Buch. Das Geld sollte sie erst einmal »abarbeiten«. Buppha weigerte sich, in »Waldfrieden« mit Männern in ein Separée zu gehen. Der erste akzeptierte ihren Widerstand, der zweite vergewaltigte sie. Da war ihr Widerstand gebrochen.

Die Befragung vor Gericht ist genau und peinlich. »Hat Ihre Schwester bereits in Thailand als Prostituierte gearbeitet?« will der Richter von Nipa wissen. Die 38jährige Beamtin im thailändischen Staatsdienst sagt für die Schwester aus, da diese zu Hause untergetaucht ist. Ein Schlepper hatte ihr nach ihrer Abschiebung in Bangkok gesagt, sie werde nicht mehr lange leben, falls sie Probleme machen würde. Auch die Verteidiger in Hildesheim suchen die Zeuginnen mit Drohungen und Einschüchterung in Widersprüche zu verwickeln. Falls sie bereits in Thailand als Prostituierte gearbeitet hätten, wäre der Vorwurf des Menschenhandels gegen die Angeklagten hinfällig. »In einer Notlage seinen Körper zu verkaufen ist eine relativ angenehme Tätigkeit«, weiß eine Verteidigerin. »Wenn ich gewußt hätte, wie das hier ist, wäre ich nicht gekommen«, meint die Beamtin Nipa nach ihrer schamlosen Vernehmung.

Sein Urteil müsse alle enttäuschen, die sich gegen den Frauenhandel einsetzten, sagte Richter Gerlach zum Schluß des Prozesses im Januar 1990. Der Nachweis, die Angeklagten hätten gewußt, daß ihre Schlepper die Frauen in Thailand bei der Anwerbung über die Art ihrer Tätigkeit getäuscht haben, wäre nur durch nochmalige Ermittlungen vor Ort zu führen gewesen – und das hätte den Prozeß gesprengt. Vier Jahre Gefängnis lautete der Urteilsspruch für Walter Adolfs; zwei Jahre davon wegen Menschenhandels, der Rest wegen Zuhälterei und Förderung der Prostitution.

Adolfs Frau, ebenfalls zu vier Jahren Haft verurteilt, wurde sofort nach Thailand abgeschoben.

Die meisten Frauenhändler laufen weiter frei herum. Die Bundesregierung hat ein Jahrzehnt gebraucht, bis sie die organisierte Kriminalität und den Menschenhandel überhaupt als Problem wahrgenommen hat; heute ist seine Bekämpfung für sie zumindest verbal ein »vorrangiges Ziel«. Die Niederlande sind hier bereits sehr viel weiter. Hier werden betroffene Frauen grundsätzlich nicht mehr abgeschoben, erhalten entdeckte Illegale bis zur Gerichtsverhandlung eine Aufenthaltserlaubnis; hier ist der Frauenhandel auch dann strafbar, wenn die eingeschleuste Frau bereits zu Hause als Prostituierte tätig war; hier reicht zur Verurteilung der Händler bereits der Nachweis aus, daß die betroffene Frau in einem Abhängigkeitsverhältnis stand, in dem sie schwächer war als eine niederländische Prostituierte.

Als dagegen die Bochumer Polizei im September 1990 auf Menschenhändler im Ruhrgebiet aufmerksam gemacht wurde, hieß es, man habe nicht genügend Personal. Ermittlungen gegen den namentlich bekannten Drahtzieher blieben aus; Filipinas, die im Dienstabteil eines Schlafwagenschaffners vom Ruhrgebiet illegal nach Italien geschleust werden sollten, wurden festgenommen und abgeschoben. Bei einer Razzia in einem Bordell in Hamburg sprangen zwei Thailänderinnen im August 1990 in panischer Angst vor der Polizei aus einem Fenster im dritten Stock. Aufgrund eines anonymen Hinweises hatten Beamte die Wohnung durchsucht und fünf Frauen ohne Aufenthalts- und Arbeitserlaubnis entdeckt. Durch den Sprung aus dem Fenster wurden die beiden Thailänderinnen schwer verletzt und kamen ins Krankenhaus; die anderen drei wurden sofort abgeschoben. Frauengruppen versuchten, den Verletzten dieses Schicksal zu ersparen - vergeblich. Eine Thailänderin mußte wegen ihrer Rükkenverletzung liegend nach Bangkok reisen: Im Flugzeug wurden drei Plätze für sie reserviert. Der Menschenhändler, der sie in die Bundesrepublik eingeschleust hatte, ist den Behörden nicht bekannt.

PS: »Hot Pants«-Gründer Klaus-Peter Wolf wurde von den Behörden übrigens noch 1990 als »Frauenhändler« geführt. Als der Schriftsteller seinen Roman aus dem Männer-Milieu veröffentlichte und dabei die problemlose Anmeldung des Gewerbes offenbarte, stritt die Industrie- und Handelskammer Koblenz zunächst empört ab, daß sie Menschenhändler in ihren Reihen dulde. Ende Juni 1990 erhielt Wolf von ihr aber wieder eine Rechnung - über den Jahresbeitrag 1990, mit einer Mahnung für den noch ausstehenden von 1989.

Zwei Jahre und drei Monate

Berlin. Ein umfangreiches Strafverfahren um die Ausbeutung thailändischer Frauen in Bordellbetrieben endete gestern für einen 43jährigen Kaufmann mit einer Haftstrafe von zwei Jahren und drei Monaten. Die 16. Große Strafkammer des Landgerichts verurteilte den Angeklagten, der außerdem eine Geldstrafe von knapp 220 000 Mark (360 Tagessätze) zahlen muß, wegen Förderung der Prostitution in neun Fällen sowie Verstoßes gegen das Ausländergesetz. Das Gericht befand den Eigentümer von zehn Mietshäusern mit 300 Wohnungen für schuldig, in neun Wohnungen die Prostitution von Thailänderinnen ermöglicht zu haben. Bei 54 Razzien zwischen Oktober 1986 und April 1989 waren in den Räumen 175 Thailänderinnen angetroffen worden. Gegen sechs mitangeklagte Bordellbetreiber waren bereits Haftstrafen zwischen acht Monaten auf Bewährung und zwei Jahren und sechs Monaten verhängt worden. Nachdem das Urteil gegen den Kaufmann gestern rechtskräftig geworden ist, wird er voraussichtlich noch Kosten von rund 100 000 Mark übernehmen müssen, die durch die Abschiebung von Thailänderinnen in ihre Heimat entstanden sind.

nach: Der Tagesspiegel, 11. 7. 1990

Forderungen von AGISRA

Wir fordern:

- eine erweiterte Auslegung des § 181 StGB. Nicht nur die Anwendung von körperlicher Gewalt soll im Zusammenhang mit Menschenhandel der Strafverfolgung unterliegen, sondern auch das Anwerben mit falschen Versprechungen, die Ausnutzung finanzieller und sozialer Notlagen bzw. Abhängigkeiten der Frauen und der Einsatz psychischer Gewalt. Wir fordern auch die Anwendung dieses Paragraphen bei ehemaligen Prostituierten.
- eine strafrechtliche Verfolgung der Personen, die zur finanziellen Bereicherung und gewerbsmäßig ausländische Frauen mit dem Ziel der Eheschließung und/oder Prostitution in die Bundesrepublik bringen.
- die Erweiterung des § 181 StGB. Auch Frauen, die in die illegale Arbeit gehandelt werden (insbesondere Hausmädchen und Babysitter), sollen mit aufgenommen werden.
- Jede Anzeige wegen Frauenhandels muß vor Gericht bzw. die Behörden müssen zur Strafverfolgung angewiesen werden.
- Zeuginnen in Prozessen gegen Frauenhändler und Zuhälter müssen einen Rechtsanspruch auf Erteilung einer Aufenthaltserlaubnis erhalten.
- Betroffene Frauen müssen eine Arbeitsgenehmigung und den Anspruch auf eine Ausbildung in der Bundesrepublik erhalten.

- Frauen, die gegen Frauenhandel aussagen, müssen Anspruch auf Zeugenschutz bekommen.
- Die Frauen müssen unterstützt werden, ihre Rechtsansprüche auf Schadenersatz und Schmerzensgeld von Menschenhändlern, Zuhältern usw. geltend zu machen. Das Opferentschädigungsgesetz ist zu erweitern, so daß es auch dann zur Anwendung kommt, wenn der/die Täter nicht zu ermitteln sind.
- Ausländerbehörden, Strafverfolgungsbehörden und Familiengerichte sollen verpflichtet werden, Frauenorganisationen bzw. Beratungsstellen, die zu den Problemen arbeiten, als Sachverständige vor Entscheidungen anzuhören. Sozialarbeiterinnen und Dolmetscherinnen sind bei Verhören hinzuzuziehen.
- In jedem Abschiebeverfahren muß den Frauen ein/e Anwalt/Anwältin beigeordnet werden, den/die sie kostenlos in Anspruch nehmen kann.

aus: Forderungen der AGISRA (Arbeitsgemeinschaft gegen internationale sexuelle und rassistische Ausbeutung) gegen Sextourismus und Frauenhandel, Oktober 1988

Adressen

Berlin

Ban Ying e.V., Postfach 100 168, 1000 Berlin 10
Zufluchtswohnung für Frauen aus Südostasien – Kontakt über: Beratungsstelle Geschlechtskrankheiten, Abt. Gesundheit und Umweltschutz, Bezirksamt Charlottenburg, Wilmersdorfer Straße 98/99, 1000 Berlin 12, Tel. (0 30) 88 43 62 03
Hydra (Prostituierten-Selbsthilfeprojekt), Kantstraße 54, 1000 Berlin 12, Tel. (0 30) 3 12 80 61

Bochum

Südostasien-Informationsstelle, Josephinenstraße 71, 4630 Bochum
»Mona« – Internationale Kontakt- und Beratungsstelle, Gremmestraße 19, 4630 Bochum 1

Bonn

IAF-Gruppe (siehe Frankfurt), Vorgebirgsstraße 6, 5300 Bonn 1, Tel. (02 28) 63 02 53
SOLWODI-Bonn (siehe Boppard), c/o Sozialdienst Katholischer Frauen, Fritz-Tillmann-Straße 12, 5300 Bonn, Tel. (02 28) 10 82 48

Boppard

SOLWODI (Solidarity with Women in Distress), PropsteiStraße 2, 5407 Boppard 3, Tel. (0 67 41) 22 32

Bremen
IAF-Gruppe (siehe Frankfurt), Hohentorstraße 32–38, 2800 Bremen 1

Darmstadt
agisra im SEFO (Frauenselbsthilfe- und Fortbildungszentrum), Wiener Straße 78–80, 6100 Darmstadt

Dortmund
Sozialdienst Katholischer Frauen, Referat Gefährdetenhilfe, Agnes-Neuhaus-Straße 5, 4600 Dortmund, Tel. (02 31) 52 81 26

Düsseldorf
IAF-Gruppe (siehe Frankfurt), Corneliusstraße 74, 4000 Düsseldorf 1

Frankfurt/Main
agisra (Arbeitsgemeinschaft gegen internationale sexuelle und rassistische Ausbeutung), Mainzer Landstraße 147, 6000 Frankfurt/Main 1, Tel. (0 69) 7 39 21 52
Ökumenische Asiengruppe e.V., Elbestraße 9, 6000 Frankfurt/Main 1, Tel. (0 69) 23 74 82, 23 96 82
Flughafensozialdienst, Flughafen Frankfurt, 6000 Frankfurt/Main 75
Philippine Center, Alte Gasse 2/Vilbeler Straße 36, 6000 Frankfurt/Main 1
IAF (Verband bi-nationaler Familien und Partnerschaften/Interessengemeinschaft der mit Ausländern verheirateten Frauen e.V.), Mainzer Landstraße 147, 6000 Frankfurt/Main 1, Tel. (0 69) 73 60 89, 73 78 98

Freiburg
terre des femmes, Postfach 25 31, 7800 Freiburg, Tel. (07 61) 2 42 89

Gießen
IAF Gießen (siehe Frankfurt), Neuen Bäue 13, 6300 Gießen

Hamburg
amnesty for women, Steintorweg 2, 2000 Hamburg 1
Filipiniana, Evangelische Akademie, Esplanade 15, 2000 Hamburg 36
IAF-Gruppe (siehe Frankfurt), Durchschnitt 13, 2000 Hamburg 13, Tel. (0 40) 44 69 38

Herne
Informationszentrum »3. Welt«, Overwegstraße 31, 4690 Herne 1, Tel. (0 23 23) 49 69 73

Kassel
Frauen gegen Prostitutionstourismus und Frauenhandel, Frauenhaus Kassel, Postfach 10 11 03, 3500 Kassel, Tel. (05 61) 89 88 89

Köln
Philippinischer Sozialdienst, Diözesan-Caritasverband, Georgstraße 7, 5000 Köln 1, Tel. (02 21) 2 01 02 87
Philippinenbüro e.V., Sachsenring 2–4, 5000 Köln 1

Mainz
SOLWODI (siehe Boppard), c/o Sozialdienst Katholischer Frauen, Emmerich-Joseph-Straße 13, 6500 Mainz, Tel. (06 31) 23 38 95/6

Marburg
IAF Marburg (siehe Frankfurt), Barfüßerstraße 2a, 3550 Marburg

Mönchengladbach
AG Tamar, c/o Bärbel Braun, Gleichstellungsstelle/ Stadtverwaltung, Postfach 85, 4050 Mönchengladbach 1

München
agisra (siehe Frankfurt), c/o »3. Welt«-Café, Daiserstraße 9, 8000 München 70
IAF München (siehe Frankfurt), Goethestraße 53, 8000 München 2
KOFIZA (Kontakt- und Frauen-Informationszentrum für Afrikanerinnen, Asiatinnen, Südamerikanerinnen), Schellingstraße 33/IV, 8000 München 40, Tel. (0 89) 28 34 94

Stuttgart
Fraueninformationszentrum für Frauen aus Asien, Afrika und Lateinamerika FIZ, Landhausstraße 62, 7000 Stuttgart 1, Tel. (07 11) 26 18 91

Österreich
Arbeitskreis gegen Sextourismus und Frauenhandel, c/o Frauensolidarität, Weyrgasse 5/1, A-1030 Wien, Tel. (02 22) 713 35 94/80

Schweiz
FIZ, Frauen-Informationszentrum, Quellenstraße 25, CH-8005 Zürich

Niederlande
Stichting Tegen Vrouwenhandel, Postbus 97799, NL-2509 GD Den Haag, Tel. (0 70) 24 50 80
Centre for Coordination and Action against Traffic in Women (SKAV), Postbus 9769, NL-3506 GT Utrecht

Tips zum Weiterlesen

Heinz G. Schmidt: Der neue Sklavenmarkt. Geschäfte mit Frauen aus Übersee.
Basel: Lenos Verlag 1985.
Reportagen über die Vermarktung ausländischer Frauen in der Schweiz und in der Bundesrepublik.

Regula Renschler u. a.: Ware Liebe. Sextourismus, Prostitution, Frauenhandel.
Wuppertal: Peter Hammer Verlag 1987.
Hintergründe des Frauenhandels mit Beispielen aus Thailand, Kenia und der Dominikanischen Republik.

agisra (Hg.): Frauenhandel und Prostitutionstourismus. Eine Bestandsaufnahme zu Prostitutionstourismus, Heiratsvermittlung und Menschenhandel mit ausländischen Mädchen und Frauen.
München: Trickster Verlag 1990.
Von der Bundesregierung geförderte Studie: Überblick, Länderbeispiele und Rechtsexpertise.

Tübinger Projektgruppe Frauenhandel: Frauenhandel in Deutschland.
Bonn: Verlag J. H. W. Dietz Nachf. 1989.
Ergebnisse universitärer Forschungen: Geschichte des Frauenhandels, Interviews mit heutigen Kunden, Erfahrungen der Beratungsstellen.

blätter des iz3w, Nr. 148, April 1988 (Schwerpunkt-

thema: »Menschenhandel«).
Bezug: Postfach 5326, 7800 Freiburg

Klaus-Peter Wolf: Traumfrau.
Hamburg: Verlag am Galgenberg 1989.
Roman über Skatbrüder, die sich eine Filipina kaufen – Verarbeitung der Erfahrungen des Autors als behördlich angemeldeter »Mädchenhändler«.

In der »Süd-Nord«-Reihe des Lamuv Verlages sind folgende Titel erschienen:
»Zum Beispiel Frauenalltag«
»Zum Beispiel Sextourismus«
»Zum Beispiel Frauenprojekte«

Quellenverzeichnis

S. 7 Textauszug aus: Brigitte, Nr. 3/1987

S. 23 Quelle: epd-Artikeldienst, Nr. 101/87, 5. 10. 1987

S. 29 Quelle: ips/die tageszeitung, 19. 8. 1989

S. 31 Quelle: agisra

S. 35 Quelle: Die Zeit, Nr. 42, 13. 10. 1989

S. 43 Quelle: Die Zeit, Nr. 14, 31. 3. 1989

S. 45 Quelle: die tageszeitung, 29. 3. 1984

S. 55 Kasten – Zit. nach: metall, Nr. 5, 4. 3. 1988

S. 67 Teile des Interviews wurden in der WDR-Sendung »ZeitZeichen« am 30. 9. 1986 gesendet

S. 72 Quelle: Deutsche Volkszeitung/die tat, Nr. 4, 20. 1. 1989, S. 16

S. 77 Quelle: Emma, Nr. 3/1984

S. 87 Quelle: blätter des iz3w, Nr. 148, April 1988

S. 90 Quelle: Alfred Treiber, Die Angst der Männer vor den Frauen, ORF-Sendung, 13. 4. 1985 sowie Alfred Treiber/Michael Geringer, Wenn das nicht Liebe ist ..., ORF-Sendung

Über den Herausgeber

Ekkehard Launer ist »Tagesschau«-Redakteur beim Norddeutschen Rundfunk in Hamburg und Herausgeber der Reihe »Süd-Nord« im Lamuv Verlag. Von ihm sind erschienen: »Nestlé, Milupa ... – Babynahrung in der Dritten Welt« (Lamuv Taschenbuch 103), »Zum Beispiel China« (Lamuv Taschenbuch 73), »Zum Beispiel Frauenalltag« (Lamuv Taschenbuch 90), »Zum Beispiel Holz« (Lamuv Taschenbuch 72), »Zum Beispiel Sextourismus« (Süd-Nord 17), »Zum Beispiel Südafrika« (Lamuv Taschenbuch 82) und »Zum Beispiel Zukker« (Süd-Nord 22).